Opções de Ações

32 estratégias para alavancar os ganhos ou proteger a carteira

ROGÉRIO PAULUCCI MAUAD

Economista, Advogado e Professor das disciplinas de Mercado Financeiro, Finanças Corporativas e Gestão de Risco e Derivativos em cursos de pós-graduação na Faculdade FIPECAFI, Universidade Mackenzie, Faculdades Senac, Saint Paul Escola de Negócios, IBMEC-SP e FIA-Fundação Instituto de Administração. Mestre e Doutor em Finanças Estratégicas pela Universidade Presbiteriana Mackenzie e pela Universidade do Minho, Portugal.

*O investimento feito em conhecimento
sempre gera os melhores dividendos*

Benjamin Franklin

Aos meus pais, Chaim e Zilda, pela sabedoria do passado,
à Laura, pela esperança no futuro.
Sou apenas uma "ponte" entre estas duas belas gerações.

Sumário

1 O mercado de opções de ações 13
  1.1 Conceitos de opções de ações 13
  1.2 Classificação das opções de ações 15
    1.2.1 Quanto aos direitos e obrigações. 15
    1.2.2 Quanto à data do exercício 16
    1.2.3 Quanto ao preço de exercício 17
  1.3 Participantes do mercado de opções de ações 18
  1.4 Séries de opções de ações. 20
  1.5 Conceitos de posição e margem 24

2 Componentes do prêmio de uma *call* e de uma *put* 27
  2.1 Conceito de valor intrínseco e valor extrínseco 27
  2.2 Preço de mercado da ação 30
  2.3 Preço de exercício da opção 30
  2.4 Volatilidade da ação-objeto 31
  2.5 Tempo até o encerramento da série 31

2.6 Taxas de juros livres de risco 32
2.7 Formas de precificação de opções 32
2.8 As "Gregas" 33
3 Estratégias de proteção de carteira com opções ...37
   3.1 Compra da ação-objeto e compra de *put* 37
   3.2 *Collar* com compra da ação-objeto 40
4 Estratégias de alavancagem de ganhos 43
   4.1 Compra de *call a seco* 43
   4.2 Compra de *put a seco* 47
   4.3 Venda coberta de *call* 52
      4.3.1 Venda coberta com *call in-the-money* 53
      4.3.2 Venda coberta com *call at-the-money* 56
      4.3.3 Venda coberta com *call out-the-money* ...59
   4.4 Venda coberta de *put* 63
   4.5 Trava de alta com *calls* 69
   4.6 Trava de baixa com *calls* 73
   4.7 Trava de baixa com *puts* 77
   4.8 Compra de *butterfly* com *calls* 81
   4.9 Venda de *butterfly* com *calls* 86
   4.10 Compra de *butterfly* com *puts* 90
   4.11 Venda de *butterfly* com *puts* 94
   4.12 Compra de *condor* com *calls* 99
   4.13 Venda de *condor* com *calls* 104
   4.14 Compra de *condor* com *puts* 109
   4.15 Venda de *condor* com *puts* 113

4.16 Iron Condor..118

    4.16.1 Bull Iron Condor.......................................119

    4.16.2 Bear Iron Condor......................................123

4.17 Compra de *call* e venda a descoberto da ação..128

4.18 *Collar* com venda da ação a descoberto...133

4.19 Straddle de compra (long-straddle)..........137

4.20 Straddle de venda (short-straddle)...........142

4.21 Strangle de compra (long-strangle)..........146

4.22 Strangle de venda (short-strangle)...........150

4.23 Long Call Backspread ratio........................154

4.24 Short Call Backspread ratio.......................159

4.25 Long Put Backspread ratio.........................164

4.26 Short Put Backspread ratio........................169

4.27 Combination..173

    4.27.1 Long Combination..................................173

    4.27.2 Short Combination.................................177

4.28 Trava-calendário..181

    4.28.1 Venda de *call* curta e compra de *call* longa...182

    4.28.2 Compra de *call* curta e venda de *call* longa...187

5 Erros comuns a serem evitados pelo operador de opções de ações...192

    5.1 Venda a descoberto de *calls* e *puts*............193

    5.2 Compra a seco de uma posição grande em opções..195

5.3 Não usar *stop-loss* 196
6 Conclusões e agradecimentos 199
7 Referências Bibliográficas 201

9

Os exemplos usados neste livro foram feitos apenas com fins didáticos e ilustrativos e não constituem, em absoluto, nenhuma recomendação de investimento.

Opções de Ações

32 estratégias para alavancar os ganhos ou proteger a carteira.

1 O mercado de opções de ações

Os mercados de opções de ações estão presentes em todas as bolsas de valores onde se negociem produtos de renda variável e seus derivados. Pelas suas características próprias, atraem cada vez mais participantes interessados tanto em proteger seus investimentos em ações, como alavancar seus ganhos em apostas especulativas.

Contudo, para uma correta compreensão deste mercado complexo é necessário conhecer seus conceitos básicos, sem os quais o operador será incapaz de entender os mecanismos de funcionamento e as estratégias possíveis a serem utilizadas.

1.1 Conceitos de opções de ações

Opções sobre ações são **contratos bilaterais negociados em bolsas de valores** os quais concedem ao seu *titular*, também conhecido como comprador da opção, um *direito* e ao *lançador*, também conhecido como vendedor da opção, uma *obrigação*.

O comprador de uma opção sobre ações tem o direito de **comprar** ou **vender** uma determinada ação, em um preço previamente determinado, conhecido como preço de exercício ou **strike**, até uma **data futura de vencimento**. Por se tratar de *um direito seu*, e *não uma obrigação*, o titular pode ou não o exercer, e o fará apenas se as condições do mercado forem favoráveis. Eis aí a origem do nome "opção", ou seja, o comprador "opta" por exercer ou não seu direito perante o lançador-vendedor (MAUAD, 2015).

Para adquirir este *direito futuro de exercer ou não* a opção, o titular/comprador deverá adquiri-la no mercado, pagando um preço ao lançador/vendedor, ou seja, um valor em dinheiro, quantia essa conhecida como **prêmio da opção**. O prêmio, portanto, é um débito para o comprador e um crédito para o vendedor, liquidado no dia seguinte à compra da opção (D+1).

O lançador / vendedor da opção, após receber o valor do prêmio, assume um *dever*, uma *obrigação*. Caso seja exercido pelo comprador, será *obrigado a vender ou a comprar determinada ação*, no preço pré-estabelecido (*strike*), até a data de vencimento do contrato.

Portanto, uma opção sobre ação é um contrato bilateral, o qual estabelece *direitos para o comprador e deveres para o vendedor*. Para *adquirir o direito*, o comprador/titular paga o prêmio, enquanto o vendedor/lançador, para *assumir o dever*, receberá este mesmo prêmio.

Tais direitos e deveres das respectivas partes no contrato expiram em *uma data futura de vencimento*. Após esta data de encerramento, pré-determinada pela bolsa, não poderão mais ser exercidos ou cobrados naquela série de opções vencida[1].

As opções sobre ações são conhecidas no mercado como **derivativos**, pois o preço de seu prêmio e as condições para o exercício futuro *derivam* do preço de um ativo subjacente, no caso, a **ação-objeto**.

1.2 Classificação das opções de ações

As opções sobre ações são classificadas quanto aos direitos do titular e obrigações do vendedor, quanto à data e ao preço de exercício.

1.2.1 Quanto aos direitos e obrigações.

Nas bolsas de valores são negociados dois tipos distintos de opções sobre ações:

---

[1] MAUAD, Rogério Paulucci. INVISTA EM AÇÕES CONTROLANDO SEUS RISCOS. São Paulo, Editora Biblioteca 24 Horas, 2015.

> - *Opções de compra*, conhecidas como **calls**
> - *Opções de venda*, conhecidas como **puts**

As opções de compra, ou **calls**, conferem ao titular **o direito de comprar uma determinada ação**, em um preço pré-estabelecido (*strike*), até uma data futura e ele só exercerá esse direito se as condições de mercado lhe forem favoráveis. O lançador, se exercido pelo titular em uma *call*, deverá *vender* a ação ao comprador, neste *strike*.

As opções de venda, ou **puts**, são o oposto das *calls*, pois concedem ao titular **o direito de vender a ação,** em um determinado strike, até a data do vencimento. Como nas *calls*, o vendedor da *put*, se exercido, terá um dever, no caso o de *comprar a ação do titular*.

	CALL	PUT
Comprador ou titular	Tem o <u>direito</u> de comprar a ação	Tem o <u>direito</u> de vender a ação
Vendedor ou lançador	Tem o <u>dever</u> de vender a ação	Tem o <u>dever</u> de comprar a ação

1.2.2 Quanto à data do exercício

Além do critério dos direitos conferidos ao seu titular e das obrigações atribuídas ao vendedor, as opções podem ser classificadas também quanto à data de exercício. Assim, no mercado brasileiro temos as **opções americanas** e as **opções europeias**.

Opções americanas podem ser exercidas a *qualquer momento até a data de vencimento*.

Opções europeias só podem ser exercidas *na data de vencimento*, proibido o exercício antecipado.

No mercado brasileiro, a maioria das *calls* é do tipo americano e todas as *puts* são europeias. No entanto, como veremos adiante, o exercício antecipado de uma opção de compra, permitido apenas nas opções americanas, não é recomendado, exceto em alguns casos excepcionais, como véspera de pagamentos de proventos na ação-objeto.

1.2.3 Quanto ao preço de exercício

Em relação ao preço de exercício (*strike*), as *calls* e *puts* assim se classificam:

- ***In-the-money* (dentro do dinheiro)**: são as opções cujo *strike* está abaixo do preço de mercado da ação, para as *calls*, ou está acima do preço de mercado para as *puts*. Nestas condições, as opções *in-the-money*, ou "dentro do dinheiro", serão exercidas por seus titulares na data de vencimento dos contratos. Opções *in-the-money* são aquelas cujo valor do prêmio é maior, dado o *strike* baixo das *calls* ou *strike* alto das *puts*.

Quanto mais *in-the-money* está uma opção, menor será a sua liquidez. Neste caso, ela servirá como uma *proxy* mais barata à compra da ação, pois o preço do seu prêmio irá oscilar quase na mesma magnitude das oscilações do preço da ação-objeto. Contudo, ao contrário da ação, há a desvantagem da opção ter uma data final de encerramento, a partir da qual ela deixará de existir.

- *At-the-money* (no dinheiro): são as opções cujo *strike* está bem próximo do atual preço de mercado da ação, tanto para as *calls*, como para as *puts*. As opções *at-the-money* ou "no dinheiro", normalmente são as mais negociadas e sofrem mais o efeito do tempo, perdendo valor extrínseco conforme a data de exercício se aproxima.

- *Out-the-money* (fora do dinheiro): são as opções cujo *strike* está acima do preço de mercado, para as *calls*, ou está abaixo do preço de mercado para as *puts*. Nestas condições, estas opções não serão exercidas, pois dependem de uma alta forte na cotação da ação-objeto, no caso das *calls*, ou de uma queda forte, no caso das *puts*. Devido à baixa probabilidade de exercício até o vencimento, seus prêmios são inferiores, se comparados aos prêmios das opções *in-the-money* e *at-the-money*.

1.3 Participantes do mercado de opções de ações

O mercado de opções de ações possui vários participantes distintos, cada um com seus próprios objetivos, nível de tolerância ao risco e expectativas de retorno esperado[2].

Hedger: é aquele investidor interessado na busca de proteção (*hedge*) para sua carteira de ações. O *hedger* caracteriza-se por objetivos de longo prazo, sem descuidar das oscilações de curto prazo, para não comprometer o desempenho da carteira. Normalmente, a proteção contra a queda no preço das ações (*hedge de carteira*) pode ser efetuada através da compra de *puts* ou venda de *calls*, entre outras estratégias. O *hedge* está na essência do mercado de opções pois, em sua origem, os derivativos foram criados para oferecer proteção contra as oscilações nos preços dos respectivos ativos.

Especulador ou *trader*: atua comprando ou vendendo opções de ações com vistas a obter lucros de curto prazo, apostando em tendências de alta ou de baixa nos preços dos ativos. As opções são muito mais voláteis se comparadas à ação-objeto, razão pela qual favorecem operações especulativas de curto prazo, e podem gerar tanto lucro quanto prejuízo. O especulador é uma figura importante em qualquer mercado organizado como as bolsas de valores pois, ao assumir riscos montando posições compradas ou vendidas, garante a liquidez do sistema como um todo.

Investidor: procura, ao investir em opções de ações, utilizá-las como forma de adquirir ações a preços

---

[2] Ver MAUAD, Rogério Paulucci. INVISTA EM AÇÕES CONTROLANDO SEUS RISCOS. São Paulo, Editora Biblioteca 24 Horas, 2015.

interessantes e formar com o tempo uma carteira de ativos, com vistas a ganhos de longo prazo. Sua estratégia por vezes se aproxima da estratégia desenvolvida pelo *hedger*, porém dá ênfase em exercer a opção para comprar a ação a preços vantajosos.

Market-makers: também conhecido como formador de mercado, é a pessoa jurídica ou corretora credenciada na bolsa de valores, contratada com a função exclusiva de prover a liquidez em determinadas séries de opções de ações sem negócios suficientes. Atua simultaneamente nas duas pontas, ou seja, tanto como comprador como vendedor. A presença de um *market-maker* atuante em mercado de opções garante sempre a presença de um comprador ou vendedor na série da opção, contribuindo para fomentar a liquidez e atrair os demais participantes.

1.4 Séries de opções de ações.

No mercado brasileiro há o vencimento mensal de contratos de opções de ações, sempre na terceira segunda-feira de cada mês. Os negócios e encerramentos de posições com as *calls* e *puts* da série mais próxima do vencimento são permitidos até **a última sexta-feira anterior à terceira segunda-feira de cada mês**. No dia do vencimento, a B3, não permite mais a abertura e o encerramento de posições nas séries vencidas, sendo permitido apenas o exercício das opções, em pregão regular, até as 13 horas[3].

Para a realização do exercício, deve ser feita a solicitação do titular da opção perante a sua corretora credenciada. Caso o exercício não seja solicitado até o dia de vencimento da série, a opção se extinguirá e com ela, todos os direitos a que o titular fizesse jus. As opções que encerram sem exercício são conhecidas no jargão do mercado como *"opções que viraram pó"*.

Toda série mensal de *calls* e *puts* é identificada com uma letra correspondente ao mês de vencimento, de acordo com a tabela abaixo:

Mês de vencimento	Call	Put
Janeiro	A	M
Fevereiro	B	N
Março	C	O
Abril	D	P
Maio	E	Q
Junho	F	R

---

[3] Fonte: B3

Julho	G	S
Agosto	H	T
Setembro	I	U
Outubro	J	V
Novembro	K	W
Dezembro	L	X

Além da letra identificando o mês de vencimento, cada série de opção possui a identificação do *código da ação-objeto* e números para identificar o *strike*, ou preço de exercício. Assim, temos alguns exemplos reais colhidos no site da B3 em janeiro de 2018:

> **VALE A 39**: indica uma *call*, cuja ação-objeto é a Vale ON (Vale3), com vencimento em **15.01.2018** e *strike* de R$ 39,29
>
> **PETR B 20**: indica uma *call* cuja ação-objeto é a Petrobras PN (Petr4), com vencimento no dia **19.02.2018** e *strike* de R$ 20,00
>
> **ITUB R 48**: indica uma *put* cuja ação-objeto é Itaunibanco PN (Itub 4), com vencimento em **18.06.2018** e *strike* de R$ 46,60

No Brasil, as opções são conhecidas por serem "protegidas quanto aos proventos". Os *strikes* das *calls* e *puts* mudam toda vez que a ação-objeto pagar proventos aos seus acionistas. Assim, o valor de um dividendo ou juro sobre capital próprio será abatido tanto do preço de mercado da ação, quanto dos *strikes* das opções.

Por exemplo, uma determinada *call* tem *strike* de R$ 20,00. Durante o tempo de vida desta opção, a empresa pagou um montante de R$ 0,50 por ação a título de dividendo. No primeiro dia após o encerramento do direito ao provento (primeiro dia EX), o *strike* desta *call* passará para R$ 19,50, uma queda na mesma magnitude do valor do dividendo declarado.

É comum o código identificador do *strike*, os números finais que compõem a opção, ser diferente do verdadeiro preço de exercício. O código identificador do *strike* é uma atribuição exclusiva da B3, ao abrir a série de opções para a negociação em mercado.

Para conhecer todos os valores dos *strikes* das séries de opções, o investidor deve regularmente consultar o *site* da B3. Atualmente, a Bolsa abre séries de opções de ações com os mais diversos *strikes*, possibilitando aumento considerável da liquidez e a composição de muitas estratégias de proteção ou especulação.

1.5 Conceitos de posição e margem

Quando um investidor ou um especulador compram ou vendem uma *call* ou uma *put* em uma nova série, abrem uma posição comprada ou vendida nesta opção.

As posições abertas nas séries de opções podem ser diminuídas ou encerradas com uma operação contrária, ou seja, quem desejar reduzir ou encerrar uma posição comprada em determinada *call* ou *put* basta vendê-las em pregão regular, até o dia do vencimento. E, quem estiver vendido em uma *call* ou uma *put* e desejar reduzir ou encerrar a posição, basta recomprar a mesma da opção no pregão, diminuindo ou zerando sua posição[4].

Quando um *trader* abre uma nova *posição vendida em opções* deverá depositar ativos como garantia do contrato, pois estará assumindo uma posição devedora perante o mercado. Os ativos depositados garantem o integral cumprimento do contrato, até a posição ser fechada ou até o encerramento da série, por ocasião do vencimento. Esta garantia contra possíveis inadimplências entre os participantes do mercado é conhecida como *margem*.

Diversos ativos são aceitos como garantia, por exemplo, ações, dinheiro, títulos privados ou públicos. Toda

---

[4] MAUAD, Rogério Paulucci. INVISTA EM AÇÕES CONTROLANDO SEUS RISCOS. São Paulo, Editora Biblioteca 24 Horas, 2015.

vez que o *trader* aumenta sua posição vendida, vendendo mais *calls* ou *puts*, deverá também reforçar a sua margem de garantia, exigida pela B3, ou seja, deverá alocar mais ativos de sua carteira como garantia de sua posição vendida.

Caso o *trader* ou investidor monte uma posição vendida em *calls* igual ou inferior à sua posição comprada na ação-objeto, estará realizando uma operação conhecida como *venda coberta*, a qual será detalhada nos próximos capítulos. Neste caso, suas próprias ações servem como garantia à posição vendida em opções.

No mercado de opções há uma regra imutável, quanto **maior o risco assumido** pela posição vendida nos derivativos, **maior a necessidade de se depositar ativos como margens de garantia**, para fazer frente a tais riscos. Os riscos no mercado de opções devem ser muito bem calculados pelos participantes, pois trata-se de um mercado muito mais volátil, se comparado ao mercado de ações.

Um dos erros mais frequentes de investidores novatos no mercado de opções, os quais serão detalhados no último capítulo, consiste em assumir posições vendidas em *calls* de tamanho muito superior às suas posições compradas em ações equivalentes, realizando a chamada *venda a descoberto de call* (*naked call*), uma das operações de maior risco para o negociador de opções. Quando o mercado se volta contra esta posição, produzindo novas altas no preço da ação-objeto, as frequentes chamadas de reforço de margens obrigatórias levarão o investidor a desfazer sua posição e recomprar as opções vendidas com um grande prejuízo.

2 Componentes do prêmio de uma *call* e de uma *put*

2.1 Conceito de valor intrínseco e valor extrínseco

O valor total do prêmio de uma opção pode ser dividido em dois componentes: *valor intrínseco* e *valor extrínseco*, também conhecido como *valor do tempo*.

O *valor intrínseco* é **a diferença entre o preço de mercado da ação e o preço de exercício da opção**. Apenas as opções *in-the-money* possuem *valor intrínseco*, as demais não.

O *valor extrínseco* ou valor tempo representa **a expectativa de exercício futuro da opção** e irá desaparecer, conforme vai chegando ao fim de sua vida útil e a data de exercício se aproxima. As opções *at-the-money* oferecem **maior valor extrínseco,** se comparadas às opções *in-the-money* e *out-the-money*. As opções *at-the-money* e *out-the-money* possuem apenas valor extrínseco.

Veja estes dois exemplos, ambos retirados do Mercado no dia 10.01.2018:

> A ação **Vale 3** custava **R$ 42,49** e a call **Vale B 418**, cujo strike era de **R$ 41,49** era negociada a **R$ 2,18**, faltando 23 dias úteis para o encerramento da série. Deste valor total, R$ 1,00 é considerado **valor intrínseco**, ou seja, preço de mercado menos preço de exercício ($ 42,49 - $ 41,49) e R$ 1,18 é considerado **valor extrínseco** ou **valor tempo**, traduzida pela expectativa dos agentes em que o preço da ação-objeto suba até a data do vencimento da call, no caso, 19.02.2018.

> A ação **Petr 4** custa **R$ 16,90** e a call **Petr B 77**, cujo strike era de **R$ 17,25** era negociada a **R$ 0,53**, faltando 23 dias úteis para o encerramento da série. A totalidade deste valor é considerada **valor extrínseco** ou valor tempo, visto que o preço de mercado da ação Petr 4 era inferior ao strike da opção (out-the-money).

Calls e *Puts* conservam valor extrínseco, mesmo ínfimo, até o derradeiro dia de negociação, a última sexta-feira antes da terceira segunda-feira de cada mês. Caso alguma *call* do tipo americana seja exercida pelo seu titular antes da data de exercício, ela será extinta e seu titular comprará a ação-objeto. É o chamado *exercício antecipado da opção*.

Contudo, antecipar o exercício e comprar a ação, uma decisão do titular da *call* do tipo americana, não é muito comum, por representar uma desvantagem, exceto em casos excepcionais. Ao exercer a opção antecipadamente, o titular perderá o valor extrínseco da opção e também perderá os juros da aplicação entre o dia do exercício antecipado e o dia do encerramento oficial da série, razão pela qual o exercício antecipado não é recomendável.

Os casos excepcionais de exercício antecipado de uma *call in-the-money* devem-se ao fato da empresa emissora da ação-objeto pagar *dividendos* ou *juros sobre capital próprio* aos seus acionistas, próximo da data de exercício e o valor destes proventos for superior ao valor extrínseco da *call* somado ao custo do oportunidade de deixar o capital aplicado a uma taxa de juros livre de risco, pelos dias restantes até o vencimento. Nestes casos, poderá compensar ao titular da *call in-the-money* do tipo americano antecipar o exercício e comprar a ação, recebendo o valor dos proventos[5].

Nas demais situações, se o titular da *call* vendê-la e na sequência comprar a ação no mercado, fará um melhor negócio, se comparado ao exercício antecipado, pois

---

[5] MAUAD, Rogério Paulucci. INVISTA EM AÇÕES CONTROLANDO SEUS RISCOS. São Paulo, Editora Biblioteca 24 Horas, 2015.

arrecadará também o valor extrínseco, presente no valor total da *call* antes do vencimento.

2.2 Preço de mercado da ação

Calls e *Puts* são instrumentos derivativos, ou seja, *seus preços derivam do preço do ativo principal ao qual estão ligadas*. Quando as cotações da **ação-objeto** sobem, os valores dos prêmios das *calls* sobem e o das *puts* caem. Por sua vez, quando as cotações caem, o valor dos prêmios das *calls* caem e o das *puts* sobem.

2.3 Preço de exercício da opção

Quanto mais *in-the-money* estiver a opção *maior será a probabilidade* de ocorrer o seu exercício, portanto, *maior será o prêmio*. Neste sentido, quando mais *out-the-money* for o *strike*, menor será a probabilidade de ocorrer o exercício até o fim da vida útil da opção, portanto, menor o valor do prêmio. Nas *calls*, quanto maior o *strike*, menor será o valor do prêmio. Nas *puts*, o contrário, quanto maior o *strike*, maior será o valor do prêmio.

2.4 Volatilidade da ação-objeto

A volatilidade da ação-objeto, ou seja, a oscilação de seus retornos diários, influenciará a formação do valor do prêmio da opção. Nas ações mais voláteis e, portanto, de maior risco, o prêmio será maior, comparado aos prêmios das opções derivadas de ações menos voláteis e de menor risco. Isto ocorre pois, teoricamente, opções *at-the-money* e *out-the-money* de ações mais voláteis tem maiores probabilidades de serem exercidas e, portanto, exigem prêmios maiores.

2.5 Tempo até o encerramento da série

O valor do prêmio de uma opção é muito influenciado pelo tempo restante até a data do exercício. Opções mais longas, ou seja, de séries com datas posteriores de vencimentos, carregam maiores riscos e indefinições e, portanto, terão prêmios maiores se comparadas às opções mais curtas, cuja data de exercício está mais próxima. O efeito do tempo restante no valor do prêmio das opções é conhecido como *time decay*, ou perda de valor com o passar do tempo. Posições compradas em *calls* ou *puts* tendem a perder valor com o *time decay*, até a data do exercício, enquanto posições vendidas ganham com este efeito.

O efeito do tempo se faz sentir da diminuição do valor extrínseco de uma opção. Conforme o encerramento da série se aproxima, o valor extrínseco ou valor tempo tende a zero, permanecendo apenas o valor intrínseco se e somente se a opção for *in-the-money*.

2.6 Taxas de juros livres de risco

A taxa de juros livre de risco praticada no mercado também influencia na formação do valor do prêmio das opções. No Brasil, a taxa SELIC (Sistema Especial de Liquidação e Custódia) divulgada pelo Comitê de Política Monetária do Banco Central do Brasil (COPOM) é considerada o parâmetro para as taxas de juros livres de risco. Quanto maior a taxa de juros livre de risco, maior será o valor do prêmio da *call* e menor será o valor do prêmio da *put*. No entanto, comparados aos demais fatores acima descritos, sua influência é a menor de todas, pois durante a curta vida de uma opção, os investidores não esperam alterações substanciais nas taxas de juros livre de risco.

2.7 Formas de precificação de opções

O mercado desenvolveu, ao longo das décadas, diversas fórmulas para se precificar corretamente os valores dos prêmios de *calls* e *puts*. As metodologias mais comuns são a **Equação de Black and Scholes**, a **Árvore Binomial** e a **Paridade put-call**. O desenvolvimento e conceituação destas fórmulas fogem ao escopo deste livro, por envolverem conhecimentos estatísticos de distribuição normal, probabilidades, variância e desvio-padrão, volatilidade histórica e implícita e uso de logaritmo natural. No entanto, recomenda-se fortemente ao leitor interessado em aprofundar seus conhecimentos acerca da precificação de opções recorrer à literatura especializada, a qual o auxilie na busca pelo completo conhecimento da dinâmica deste mercado.

2.8 As "Gregas"

Também é essencial ao operador de opções conhecer a dinâmica das chamadas *"letras gregas"*, no cálculo dos prêmios das *calls* e *puts*, de modo a entender e mensurar corretamente os riscos envolvidos, em uma possível operação de compra ou venda. As *gregas* medem o quanto o valor do prêmio de uma determinada *call* ou *put* irá variar em função da mudança dos demais fatores de mercado[6].

Delta:

O *delta* (Δ) de uma opção representa o **quanto o prêmio desta opção irá variar em razão da mudança de preço na ação-objeto**. É a mais importante das letras gregas no cálculo do valor do prêmio de uma *call* ou *put* e deve ser

---

[6] MAUAD, Rogério Paulucci. INVISTA EM AÇÕES CONTROLANDO SEUS RISCOS. São Paulo, Editora Biblioteca 24 Horas, 2015.

constantemente monitorada por aqueles com posições compradas ou vendidas em derivativos.

Por exemplo, o preço de determinada ação-objeto subiu R$ 1,00 de um dia para o outro. O prêmio de uma *call* desta mesma ação subiu R$ 0,70. Esta *call* tem *delta* = 0,7 indicando, no momento, 70% de probabilidade de ser exercida, até a data de encerramento da série.

Nas *calls*, o *delta* é sempre *positivo*. Em caso de alta nas cotações da ação-objeto, o valor do prêmio da *call* irá subir e, em caso de queda, irá cair. Nas *puts*, ao contrário, o valor do *delta* é sempre *negativo*. Em caso de alta nas cotações da ação-objeto, o valor do prêmio de uma *put* irá cair e, em caso de queda, irá subir.

O *delta* de uma opção não é estável. Muda com o passar dos dias, de acordo com a variação nas cotações da ação-objeto e do tempo restante para o vencimento da série. Opções *in-the-money*, próximas da data de encerramento da série, terão *delta* próximo a 1,00, significando quase 100% de probabilidade de serem exercidas. Por sua vez, opções *out-the-money* na data do exercício terão *delta* = 0, pois a probabilidade de exercício é zero.

Gama:

O *gama* (γ) de uma opção representa o percentual de variação do *delta* desta mesma opção, em razão de uma variação no preço da ação-objeto, ou seja, é o indicador de volatilidade do prêmio da opção. Opções *at-the-money* possuem maior *gama*, pois qualquer movimento forte de alta ou baixa nas cotações da ação-objeto fará o *delta* da opção reagir de imediato, para cima ou para baixo, indicando a volatilidade desta opção.

Theta:

O *theta* (θ) de uma opção representa a perda de valor extrínseco ou diminuição da expectativa de possível exercício, com o passar do tempo (*time decay*). Isto ocorre porque opções, ao contrário das ações, tem data certa de vencimento. Devido à perda de valor extrínseco com o tempo, o *theta* favorecerá as posições vendidas e prejudicará as posições compradas em opções.

Vega:

O *vega* representa a volatilidade dos retornos da ação-objeto. Originalmente, não é uma letra do alfabeto grego mas, no apreçamento das opções, está incluída entre as gregas. Ações mais voláteis proporcionam preços maiores nos prêmios de suas opções subjacentes, pois aumentam as possibilidades de exercício.

Para calcular o *vega* da opção, os investidores costumam usar a **volatilidade histórica** do ativo, ou seja, quanto os retornos diários da ação variaram nos últimos meses, para apreçar corretamente as probabilidades de exercícios futuros, em determinado *strike* da opção. No entanto, a fórmula de **Black and Scholes** utiliza a **volatilidade implícita** do ativo, ou seja, a volatilidade futura esperada até a data de exercício, para estimar a probabilidade de exercício e assim, o valor do prêmio da opção.

Enquanto a volatilidade histórica dos retornos é fácil de se conseguir, pois baseia-se em dados passados acerca dos retornos da ação-objeto, o cálculo da volatilidade implícita pode gerar maiores dificuldades nos operadores de opções, pois são previsões futuras e, portanto, sujeitas a erros. Em ações com baixo histórico de volatilidade, a volatilidade histórica e a implícita são praticamente iguais.

Rho:

O *rho* (ρ) representa a variação da taxa de juros livre de risco no preço do prêmio da opção. Uma alta nas taxas de juros de mercado terá efeitos distintos em *calls* e *puts*. Quanto maior a taxa de juros praticada pelo mercado, maior será o prêmio de uma *call* e menor será o de uma *put*. No cálculo dos preços das *calls* e *puts* brasileiras, o *rho* terá pouca influência, pois a taxa de juros livre de risco Selic, anunciada pelo COPOM é normalmente estimada com antecedência pelo mercado.

Nos próximos capítulos ensinaremos como montar estratégias utilizando opções no intuito de proteger a carteira (fazer *hedge*) ou alavancar os ganhos em posições especulativas sem, contudo, alertar para os diversos riscos os quais o operador de opções está sujeito, quando atua neste fascinante mercado.

3 Estratégias de proteção de carteira com opções

Diversas estratégias podem ser desenvolvidas pelo operador de opções no intuito de realizar o *hedge* de sua carteira de ações. A quantidade e a forma de *hedge* dependem muito do perfil do investidor e do seu grau de tolerância ao risco. Quanto maior o grau da proteção da carteira, maior também será o custo de se executar a estratégia. Neste capítulo, selecionamos algumas estratégias de fácil implementação e baixa complexidade dentro do objetivo deste livro de ensinar o leitor acerca das possibilidades e dos riscos envolvidos.

3.1 Compra da ação-objeto e compra de *put*

A estratégia mais comum de *hedge* de carteira de ações consiste em comprar as ações-objeto e comprar também as respectivas *puts at-the-money,* com o objetivo de proteger o investimento contra a queda nas cotações dos ativos. Desta forma, se as cotações das ações caírem, o investidor poderá exercer as *puts* e vender suas ações no *strike* pré-determinado, garantindo o principal do investimento.

Esta estratégia também é conhecida como "seguro de carteira" pois, em caso de queda nas cotações das ações, o investidor acionará o "seguro", ou seja, exercerá a sua opção de venda. Para efeitos de comparação, em tudo se assemelha ao seguro de um automóvel, por exemplo. Em caso de sinistro no veículo (colisão ou roubo), o proprietário aciona o seguro e é indenizado pela seguradora.

Como o proprietário do automóvel, o qual paga um prêmio à seguradora para proteger seu patrimônio, o investidor em ações com intenção de realizar o seguro de sua carteira deverá pagar o prêmio ao vendedor e tornar-se titular de uma *put* com vencimento futuro. Quanto mais próximo o *strike* da *put* estiver do preço pago pela ação-objeto, mais eficiente será a proteção contra as quedas nas cotações.

Vejamos o exemplo real retirado do pregão da B3:

> *O investidor compra 1.000 ações* **Vale 3** *pagando* **R$ 42,50** *cada. Resolve também comprar a mesma quantidade de uma* **put at-the-money** *com o objetivo de segurar a sua carteira contra possíveis quedas na cotação de* **Vale 3**. *Para tanto, escolhe a put* **Vale N 424**, *cujo strike é* **R$ 42,49**, *por* **R$ 1,35** *cada. Desta forma, ao custo do valor do prêmio (3,17% do valor da ação, sem considerar emolumentos e custos de*

> *transação) e até o dia do vencimento da opção, estará protegido contra a queda na cotação da ação-objeto.*

Caso a cotação de Vale 3 caia abaixo de R$ 42,49, o investidor exercerá a *put* Vale N 424 e venderá suas ações no mercado pelo *strike* pré-determinado. Porventura, se a ação Vale 3 subir até o dia do exercício da *put*, esta "virará pó", tendo cumprido, durante sua vigência, a função de proteger a carteira de ações contra a queda nas cotações.

Como o seguro de um automóvel, o valor do prêmio pago para adquirir a *put* é um custo para o investidor interessado em proteger a sua carteira. No entanto, sempre que precisamos acionar um seguro qualquer, em virtude de acontecimentos imprevisíveis, ficamos satisfeitos de tê-lo feito com a devida antecedência. Isto serve para todos os fatos da vida, inclusive para os investimentos nos mercados de ações.

Resumo da estratégia, sem considerar custos de corretagem e emolumentos:

	Preço (R$)
Compra de 1.000 Vale 3	- 42.500,00
Compra de 1.000 Vale N 424	- 1.350,00
Total gasto na montagem da operação	- 43.850,00

3.2 *Collar* com compra da ação-objeto

Esta segunda estratégia de proteção de carteira em muito se assemelha à anterior. Contudo, no intuito de reduzir os custos da compra da *put*, a qual irá proteger a carteira contra as quedas nas cotações, o investidor venderá também quantidade equivalente de *call*, ou seja, será montada com 3 pontas, compra da ação, compra de *put* e venda de *call*, ao invés de apenas duas. Para o êxito da estratégia, também é necessário ser o vencimento da *put* e da *call* no mesmo mês.

Vejamos este exemplo real obtido no pregão da B3:

> *O investidor compra 1.000 ações **Petrobras PN (Petr 4)** pagando **R$ 17,00** cada uma. Para proteger a carteira compra a mesma quantidade da put **Petr O 76**, cujo strike é **R$ 16,75** por **R$ 0,67** cada uma. Para reduzir o custo de aquisição da put, vende na sequência a mesma quantidade da call **Petr C 67**, cujo strike é **R$ 17,75** por **R$ 0,64** cada uma.*

Desta forma, ao custo de R$ 0,03 por opção (0,17% do valor da ação, sem considerar os emolumentos da bolsa e os custos de transação), estará protegido contra as quedas nas cotações de Petr4 abaixo de R$ 16,75 (*strike* da *put*). Contudo, se a cotação da ação-objeto subir forte até o vencimento das opções e ultrapassar R$ 17,75 (*strike* da *call*), o investidor será exercido e deverá vender suas ações Petr 4 ao preço de R$ 17,75.

Ou seja, para reduzir os custos de aquisição do "seguro", o investidor abre mão de uma parte do possível lucro a ser obtido em caso de uma alta forte no preço da ação.

Neste exemplo, se porventura o investidor for exercido na *call* e vender suas ações Petr 4 a R$ 17,75, terá ainda um lucro bruto por ação de R$ 0,72 (sem considerar os emolumentos da bolsa e os custos de corretagem) ou 4,22% do investimento original. Por outro lado, sua perda máxima estimada é de R$ 0,28 por ação (R$ 17,03 − R$ 16,75, o *strike* da *put*), em qualquer cotação da ação até o vencimento das séries das opções. Desta forma, ao entrar na operação, o investidor já consegue calcular com precisão o retorno e o risco máximos, reduzindo assim as incertezas de cenário, típicas de um investimento em ações. A seguir, o resumo da estratégia, sem considerar custos de corretagem e emolumentos:

	Preço (R$)
Compra de 1.000 Petr 4	− 17.000,00
Compra de 1.000 Petr O 76	− 670,00
Venda de 1.000 Petr C 67	+ 640,00
Total gasto na montagem da operação	− 17.030,00
Prejuízo máximo a ser suportado	− 280,00

| Lucro máximo | + 720,00 |

4 Estratégias de alavancagem de ganhos

Devido à alta volatilidade, opções de ações são muito usadas em operações especulativas de curto prazo. Graças à sua flexibilidade e baixo custo, as *calls* e *puts* permitem centenas de estratégias diferentes, sozinhas ou combinadas com a ação-objeto, de modo a oferecer uma alavancagem extra à carteira, visando obter mais lucros, incorrendo, porém, em maiores riscos.

Neste capítulo vamos abordar algumas estratégias comuns utilizadas em especulação no mercado de opções, isto é, estratégias de apostas em tendências de alta ou de baixa nas cotações dos ativos subjacentes, destacando também os riscos envolvidos em cada operação.

4.1 Compra de *call a seco*

A estratégia mais simples de especulação consiste em comprar uma determinada quantidade de *call* com o intuito de revendê-la e obter um lucro de curto prazo. De fato, esta operação simples é considerada a porta de entrada de muitos especuladores no mundo das opções. Basta escolher o *strike* da *call*, realizar a compra de determinada quantia no derivativo e pronto. Como é uma posição comprada, a B3 não exige margem de garantia do operador de opções, visto que seu risco máximo de prejuízo já foi suportado no ato da compra.

Vejamos este exemplo real, retirado do pregão da B3:

> *O operador de opções acredita em uma alta nas cotações das ações* **Itaunibanco PN (Itub 4)**. *No momento, as ações* **Itub 4** *custam* **R$ 44,20** *no mercado a vista. Contudo, não deseja comprar a ação e sim, adquirir uma call que lhe permita fazer um investimento menor e conseguir retornos proporcionalmente maiores, se comparados ao investimento na própria ação-objeto. Para tanto, compra 1.000* **call at-the-money Itub B 54**, *cujo strike é* **R$ 44,14** *e 25 dias úteis até o vencimento por* **R$ 1,65** *cada. Caso suas expectativas de alta se confirmem até o encerramento da série de opções, espera vender a call e lucrar com a operação.*

Desta forma, com um investimento de 3,73% do preço da ação original, o *trader* abriu uma posição comprada em uma *call* com razoável prazo de vida até o seu vencimento (25 dias úteis).

Para suas expectativas de lucro se confirmarem, até o último dia de negociação antes do encerramento da série, a ação *Itub 4* precisa atingir ou ultrapassar a cotação de R$ 45,79 (*strike* da *call* + total gasto na *call*). Ou seja, em 25 pregões, a ação *Itub 4* precisa subir no mínimo 3,59% para que o operador saia da posição sem prejuízo, sem considerar os gastos em corretagem e emolumentos cobrados pela bolsa.

Caso a ação *Itub 4* não atinja a cotação de R$ 45,79 até o último dia de negociação antes do encerramento da série, o comprador da *call* que ainda não encerrou sua posição irá ter prejuízo. Nesta operação, conhecida como *compra de call a seco*, o prejuízo máximo a ser suportado pelo *trader* é de **100% de seu capital investido**, ou seja, R$ 1,65 multiplicado pela quantidade de *calls* compradas.

Como vimos, o risco desta operação é muito alto, podendo acarretar a perda do total do capital investido. Contudo, os retornos também devem ser considerados. Uma forte alta na ação-objeto até o encerramento da série da *call* eleva e muito os lucros do *trader* de uma *call-at-the-money*. Por exemplo, se nos 25 pregões restantes a ação *Itub 4* subir para R$ 50,00, uma alta de 13,12% em relação ao preço de mercado no dia da compra da *call*, esta opção estará valendo R$ 5,86, uma alta de 255 % em relação ao preço de aquisição.

Ou seja, enquanto a ação subiu "apenas" 13,12 %, a opção subiu 255 %. Tais números mostram a extrema volatilidade de uma opção e acontecem com muita frequência no dia-a-dia do mercado.

O *trader* de *call a seco* não precisa manter sua posição comprada até o último dia de negociação da série. Poderá vendê-la a qualquer momento e embolsar o lucro da operação, caso suas expectativas de retorno esperado se confirmem antes do vencimento ou, caso contrário, para diminuir o prejuízo e não esperar a opção "virar pó".

Resumo da estratégia sem considerar custos de corretagem e emolumentos:

	Preço (R$)
Compra de 1.000 Itub B 54	-1.650,00
Total gasto na montagem da operação	- 1.650,00
Prejuízo máximo a ser suportado	- 1.650,00
Lucro máximo	*Preço de mercado da ação – Strike da call – total gasto na montagem da operação*

A alta volatilidade dos retornos diários das opções atrai *traders* iniciantes a esta estratégia, os quais prestam mais atenção nas altas taxas de retorno (quando elas acontecem) e não nos riscos envolvidos na operação. Contudo, muitos cuidados devem ser tomados antes de começar a comprar *calls a seco*. Nas tabelas abaixo encontramos um breve resumo dos pontos fortes e fracos desta operação.

Pontos fortes:

Possibilidade de operar pouco capital e pagar custos menores.

Em tese não há limite para o lucro máximo (o limite é a alta da ação).

Não há necessidade de depósito prévio de margem de garantia (é uma operação comprada em *call*).

Possibilidade de conhecer no início da operação, a perda máxima, quantificando assim o risco envolvido.

Pontos fracos:

Possibilidade de perda de 100% do capital investido.

Perda de valor com o decorrer do tempo e aproximação do vencimento (*time decay*).

Prazo final da operação curto, no máximo até o vencimento da série escolhida.

4.2 Compra de *put a seco*

A compra de *put a seco* segue o mesmo princípio especulativo da compra da *call a seco*, somente com propósitos opostos. Nesta operação, o *trader* aposta na queda da cotação de uma determinada ação-objeto.

Muitos acreditam que a compra de uma *put* só vale a pena quando ela servir de *hedge* para a ação. Mas as funções desta opção vão muito além de ser apenas um simples seguro de carteira. Quando bem implementada, é uma excelente estratégia para ganhar dinheiro com as quedas nas cotações dos ativos.

De fato, o *trader* pode comprar a *put a seco* e não querer adquirir a ação. Comparando com o seguro de automóvel é como comprar o seguro sem possuir o veículo. No mercado de opções esta operação deixa então de ter caráter de proteção para assumir sua natureza especulativa.

Tomemos como exemplo ilustrativo um outro *trader*, o qual aposta na queda da cotação da ação Itub 4:

> *O trader de opções acredita em uma queda nas cotações das ações **Itaunibanco PN (Itub 4)**. No momento, as ações **Itub 4** custam **R$ 44,20** no mercado a vista. Para aproveitar a queda adquire 1.000 **put at-the-money Itub N 54**, cujo strike é **R$ 44,14**, faltando 25 dias úteis até o vencimento por **R$ 1,28**. Caso suas expectativas de baixa se confirmem até o encerramento da série de opções, espera vender a put e lucrar com a operação.*

Desta forma, com um investimento de 2,89% do preço da ação original, o *trader* abriu uma posição comprada em uma *put* com razoável prazo de vida até o seu vencimento (25 dias úteis).

Para suas expectativas de lucro se confirmarem, até o último dia de negociação antes do encerramento da série, a ação *Itub 4* precisa cair no mínimo até R$ 42,86 (*strike* da put – total pago na put). Ou seja, em 25 pregões, a ação *Itub 4* precisa cair no mínimo 3,03% para o operador sair da posição sem prejuízo, não considerando os gastos em corretagem e emolumentos cobrados pela B3.

Caso a ação *Itub 4* não atinja a cotação de R$ 42,86 até o último dia de negociação antes do encerramento da série, o comprador da *put*, se ainda não encerrou sua posição com antecedência, irá ter prejuízo. Nesta operação, o prejuízo máximo a ser suportado pelo *trader* é de **100% de seu capital investido**, ou seja, R$ 1,28 multiplicado pela quantidade de *puts* compradas.

Como na operação anterior, o risco desta estratégia também é muito alto, e pode acarretar a perda do total do capital investido. Contudo, caso a aposta na tendência seja bem direcionada, os retornos também devem ser considerados. Uma forte queda na ação-objeto até o encerramento da série da *put* impulsionará os lucros do *trader* comprado em uma *put-at-the-money*. Por exemplo, se nos 25 pregões restantes a ação *Itub 4* cair para R$ 40,00, uma queda de 10,50% em relação ao preço de mercado no dia da compra da *put*, esta opção valerá R$ 4,14, uma alta de mais de 223% em relação ao preço de aquisição.

Ou seja, enquanto a ação caiu "apenas" 10,50 % a opção subiu 223 %. Mais uma vez, os números mostram a incrível volatilidade de uma opção.

Como na operação anterior, o *trader* de *put a seco* não precisa manter sua posição comprada até o último dia de negociação da série. Poderá vendê-la a qualquer momento e embolsar o lucro da operação, caso suas expectativas de retorno esperado se confirmem antes do vencimento ou, caso contrário, para diminuir o prejuízo e não esperar a opção "virar pó".

Resumo da estratégia, sem considerar custos de corretagem e emolumentos:

	Preço (R$)
Compra de Itub N 54	-1.280,00
Total gasto na montagem da operação	- 1.280,00
Prejuízo máximo a ser suportado	- 1.280,00
Lucro máximo	*Strike da put - Preço de mercado da ação –total gasto na montagem da operação*

Como na compra de *call a seco*, a alta volatilidade dos retornos diários das *puts* também atrai *traders* iniciantes a esta estratégia, os quais prestam mais atenção nas altas taxas de retorno (quando elas acontecem) e não nos riscos envolvidos na operação. Desta forma, muitos cuidados devem ser tomados antes de começar a comprar *puts a seco*. Nas tabelas abaixo encontramos um breve resumo dos pontos fortes e fracos desta operação.

Pontos fortes:

Possibilidade de operar pouco capital e pagar custos menores.

Em tese não há limite para o lucro máximo (o limite é a queda da ação).

Não há necessidade de depósito prévio de margem de garantia (é uma operação comprada em opção de venda).

Possibilidade de conhecer no início da operação, a perda máxima, quantificando assim o risco envolvido.

Pontos fracos:

Possibilidade de perda de 100% do capital investido.

Perda de valor com o decorrer do tempo e aproximação do vencimento (*time decay*).

Prazo final da operação curto, no máximo até o vencimento da série escolhida.

4.3 Venda coberta de *call*

O investidor realiza a *venda coberta* de uma *call* quando possui em carteira, além da posição vendida na opção, a mesma posição comprada na ação-objeto. Neste caso, seus riscos estão mitigados, pois, caso seja exercido pelo titular da opção, deverá somente vender suas ações no *strike* da *call* e não precisará se preocupar em comprar as ações no mercado[7].

A *venda coberta* de *call* é uma estratégia muito comum no mercado de renda variável, tanto para aqueles investidores com objetivos de obter uma renda extra com sua carteira de ações, sem vendê-las, bem como para os interessados em obter um rendimento real acima daquele proporcionado pelos investimentos em renda fixa.

A *venda coberta* de *call* proporciona ao investidor *diversos níveis de proteção* e *rendimento sobre sua carteira de ações*. Quanto mais *in-the-money* for a *call* escolhida, maior será a proteção frente a uma queda nas cotações da ação, porém maior também será a probabilidade de exercício

---

[7] MAUAD, Rogério Paulucci. INVISTA EM AÇÕES CONTROLANDO SEUS RISCOS. São Paulo, Editora Biblioteca 24 Horas, 2015.

e venda das ações. Desta forma, quanto mais *out-the-money* for a *call* escolhida, menor será a proteção frente a uma queda na cotação da ação-objeto, porém, menor a probabilidade de exercício, ou seja, menor a possibilidade do investidor, lançador de opções, se desfazer de suas ações, na data de encerramento da série.

A venda coberta de *calls* só não protegerá a carteira de ações do investidor em caso de queda bem forte no preço da ação-objeto, fazendo as cotações despencarem abaixo do *strike* da opção vendida. Mesmo assim, neste caso extremo, servirá para diminuir o prejuízo do investidor, comparado às perdas de uma carteira de ações equivalente e sem venda coberta de *calls*.

Vejamos a seguir todas as possibilidades de *venda coberta de calls*:

4.3.1 Venda coberta com *call in-the-money*

Esta é uma operação para o investidor e lançador de opções tentar auferir um rendimento superior aquele obtido em aplicações de renda fixa. Para o êxito completo da operação, o investidor desejará ser exercido em sua posição, entregando as suas ações compradas ao titular da *call*, no dia do exercício da série.

Quem escolhe realizar lançamento coberto em uma *call in-the-money* está procurando também maior proteção contra as quedas nos preços das ações.

Vejamos este exemplo real, retirado do pregão da B3:

> O investidor deseja comprar ações **Petrobras PN (Petr 4)** e realizar uma venda coberta com **call in-the-money**. No mercado, a ação **Petr 4** está custando R$ **17,00** e a call **Petr B 96**, cujo strike é R$ **16,50** custa R$ **1,05**. Faltam 25 dias úteis para o encerramento da série e o investidor compra 1.000 ações Petr 4 e na sequência vende a mesma quantidade de call **Petr B 96**

Como a venda da *call* representa um crédito ao investidor-lançador, o custo de montagem total da operação será a inferior, se comparado apenas a uma compra da ação-objeto.

O objetivo desta operação é obter um retorno maior do que aquele proporcionado por uma aplicação em renda fixa.

Resumo da estratégia, sem considerar custos de corretagem e emolumentos:

	Preço (R$)
A- Compra de 1.000 Petr 4	-17.000,00
B - Venda de 1.000 Petr B 96	+ 1.050,00
C- Total gasto na montagem da operação (A+B)	- 15.950,00
D – Resultado do exercício da *call* vendida	+ 16.500,00

E – Resultado Final da operação (D-C)	**+ 550,00**
Retorno percentual bruto	3,448 %

Para efeitos de comparação, a taxa livre de risco (Selic) era de 7,00% ao ano quando o investidor montou a operação, correspondentes a, aproximadamente, 0,673% para 25 dias úteis. Portanto, com essa venda coberta de *call in-the-money*, o investidor, se exercido, conseguirá um retorno superior aquele pago em um título de renda fixa livre de risco (por ex. Tesouro Direto), no mesmo prazo do investimento.

Caso o exercício não ocorra e a *call in-the-money* vire pó, o investidor ainda terá em carteira as suas ações *Petr 4* e poderá repetir esta operação no mês subsequente.

No entanto, em caso de queda muito forte na cotação da ação, mesmo com a venda coberta o investidor poderá ter prejuízo caso resolva se desfazer de suas ações. Neste exemplo, o *break-even* ou ponto que separa o lucro do prejuízo, é R$ 15,95 por ação (preço de aquisição da ação – valor recebido pela venda da *call*). Abaixo deste preço, o investidor terá prejuízo ao vender a ação.

Nas tabelas abaixo encontramos um breve resumo dos pontos fortes e fracos desta operação.

Pontos fortes:

Custos menores para se adquirir a ação.

Possibilidades de retornos maiores do que os obtidos em investimentos de renda fixa.

Não há necessidade de depósito prévio de margem de garantia pois a venda da *call* está coberta pela compra da ação.

Pontos fracos:

Possibilidade de prejuízos em caso de queda forte na ação, abaixo do *break-even*.

4.3.2 Venda coberta com *call at-the-money*

Esta também é uma operação para o investidor e lançador de opções tentar auferir um rendimento superior aquele obtido em aplicações de renda fixa por prazo equivalente. Para o êxito completo da operação, o investidor desejará ser exercido em sua posição, entregando as suas ações compradas ao titular da *call*, no dia do exercício da série.

Quem escolhe realizar um lançamento coberto em uma *call at-the-money* está procurando um rendimento maior se comparado ao lançamento de uma *call in-the-money,* às custas de uma menor proteção contra o risco de queda nos preços das ações.

Vejamos este exemplo real, também retirado do pregão da B3:

> *O investidor deseja comprar ações **Petrobras PN (Petr 4)** e realizar uma venda coberta com **call at-the-money**. No mercado, a ação **Petr 4** está custando **R$ 17,00** e a call **Petr B 5**, cujo strike é **R$ 17,00** custa **R$ 0,75**. Faltam 25 dias úteis para o encerramento da série e o investidor compra 1.000 ações **Petr 4** e na sequência vende a mesma quantidade de call **Petr B 5**.*

Como a venda da *call* representa um crédito ao investidor-lançador, o custo de montagem total da operação será a inferior a uma compra da ação-objeto isoladamente.

O objetivo desta operação é obter um retorno maior se comparado aquele proporcionado por uma aplicação em renda fixa.

Resumo da estratégia, sem considerar custos de corretagem e emolumentos:

	Preço (R$)
A- Compra de 1.000 Petr 4	-17.000,00
B - Venda de 1.000 Petr B 5	+ 750,00

C- Total gasto na montagem da operação (A+B)	- 16.250,00
D – Resultado do exercício da *call* vendida	+ 17.000,00
E – Resultado Final da operação (D-C)	+ 750,00
Retorno percentual bruto	4,615 %

Para efeitos de comparação, a taxa livre de risco (Selic) era de 7,00% ao ano quando o investidor montou a operação, correspondentes a, aproximadamente, 0,673% para 25 dias úteis. Portanto, com essa venda coberta de *call at-the-money*, se exercido, o investidor conseguirá um retorno superior aquele pago em um título de renda fixa livre de risco (por ex. Tesouro Direto), no mesmo prazo do investimento.

Caso o exercício não ocorra e a *call at-the-money* vire pó, o investidor ainda terá em carteira as suas ações *Petr 4* e poderá repetir a operação no mês subsequente.

No entanto, em caso de queda muito forte na cotação da ação, mesmo com a venda coberta o investidor poderá ter prejuízo caso resolva se desfazer de suas ações. Neste exemplo, o *break-even* é R$ 16,25 por ação (preço de aquisição da ação – valor recebido pela venda da *call*), mais alto se comparado à *call in-the-money*. Abaixo deste preço, o investidor terá prejuízo.

Nas tabelas abaixo encontramos um breve resumo dos pontos fortes e fracos desta operação.

Pontos fortes:

Custos menores para se adquirir a ação.

Possibilidades de retornos maiores do que os obtidos em investimentos de renda fixa.

Não há necessidade de depósito prévio de margem de garantia pois a venda da *call* está coberta pela compra da ação.

Pontos fracos:

Possibilidade de prejuízos caso uma queda forte na ação leve a cotação para abaixo do *break-even*.

4.3.3 Venda coberta com *call out-the-money*

Esta é uma operação na qual o investidor e lançador de opções busca auferir um rendimento extra mensal em sua carteira de ações sem, contudo, ser exercido e entregar suas ações. De fato, a maioria dos vendedores cobertos de *call out-the-money* desejam obter renda extra e manter suas carteiras de ações. Porém, esta é uma escolha subjetiva do investidor.

Nesta estratégia o investidor também correrá mais riscos, pois não estará protegido em caso de uma queda não necessariamente forte na cotação da ação.

Temos aqui mais um exemplo retirado do pregão da Bolsa:

> O investidor deseja comprar ações **Petrobras PN (Petr 4)** e realizar uma venda coberta com **call out-the-money**. No mercado, a ação **Petr 4** está custando **R$ 17,00** e a call **Petr B 67**, cujo strike é **R$ 17,75** custa **R$ 0,52**. Faltam 25 dias úteis para o encerramento da série e o investidor compra 1.000 ações **Petr 4** e na sequência vende a mesma quantidade de call **Petr B 67**.

Como a venda da *call* representa um crédito ao investidor-lançador, o custo de montagem total da operação será a inferior se comparado apenas a uma compra da ação-objeto.

O objetivo desta operação é obter uma renda extra mensal com suas ações-objeto sem ser exercido. Na ocorrência do exercício, o retorno completo do investidor será maior se comparado às vendas cobertas com *calls in-the-money* e *at-the-money* devido ao *strike* mais alto na *call out-the-money*

Não ocorrendo o exercício, o lucro para o investidor será a quantia recebida como prêmio pela venda da opção, a qual no exemplo corresponde a 3,05%. Com as ações *Petr 4* na carteira, o investidor poderá repetir a mesma operação no mês subsequente.

Resumo da estratégia com o exercício da *call*, sem considerar custos de corretagem e emolumentos:

	Preço (R$)
A- Compra de 1.000 Petr 4	-17.000,00
B - Venda de 1.000 Petr B 67	+ 520,00
C- Total gasto na montagem da operação (A+B)	- 16.480,00
D – Resultado do exercício da *call* vendida	+ 17.750,00
E – Resultado Final da operação (D-C)	+ 1.270,00
Retorno percentual bruto	7,70 %

Resumo da estratégia sem o exercício da *call*, sem considerar custos de corretagem e emolumentos:

	Preço (R$)
A- Compra de 1.000 Petr 4	-17.000,00

B - Venda de 1.000 Petr B 67	+ 520,00
Retorno percentual bruto	3,05%

Em caso de queda muito forte na cotação da ação, o vendedor coberto de uma *call out-the-money* terá menos proteção, visto que seu *break-even* é mais alto. Neste exemplo, o *break-even* é R$ 16,48 por ação (preço de aquisição da ação – valor recebido pela venda da *call*), mais alto se comparado aos anteriores. Abaixo deste preço, o investidor terá prejuízo, ao vender a ação.

Nas tabelas abaixo encontramos um breve resumo dos pontos fortes e fracos desta operação.

Pontos fortes:

Custos menores para se adquirir a ação.

Possibilidades de retornos bem superiores aos obtidos em investimentos de renda fixa, em caso de exercício da *call*.

Possibilidade de se auferir uma renda mensal se não ocorrer exercício da *call*.

Não há necessidade de depósito prévio de margem de garantia pois a venda da *call* está coberta pela compra da ação.

Pontos fracos:

Possibilidade de prejuízos caso uma queda na ação leve a cotação para abaixo do *break-even*.

4.4 Venda coberta de *put*

A venda coberta de *put* deve merecer uma abordagem um pouco distinta da venda coberta com *call*. A abertura de uma posição vendida em uma opção de venda, em caso de exercício, gera a obrigação ao vendedor de comprar a ação-objeto no *strike* pré-determinado.

Portanto, ao contrário da *venda coberta de call*, garantida pela presença das ações-objeto em carteira, a venda coberta de *put* deve ser garantida por quantia equivalente em dinheiro pois, em caso de exercício, o lançador será obrigado a comprar a ação-objeto, devendo para tanto, ter a quantia disponível em sua conta na corretora.

Desta forma, recomenda-se ao investidor-vendedor interessado em implementar esta estratégia somente realizar a venda coberta de *puts* se está líquido, ou seja, com capital suficiente para um eventual exercício futuro da opção disponível em sua conta e apenas nas ações de empresas as quais desejaria comprar diretamente no mercado.

Ou seja, para realizar a venda coberta de uma determinada *put*, a ação da empresa deve ser bem escolhida, pois, em caso de exercício, o investidor deverá comprá-la. Aconselha-se então ao investidor escolher como alvo para sua operação, ações de empresas sólidas, lucrativas e com boas perspectivas futuras.

Cumpridos estes pré-requisitos essenciais de controle inicial de risco, percebe-se ser a estratégia da venda coberta de *puts* uma maneira interessante para se adquirir uma ação por preços mais vantajosos em relação aqueles praticados no mercado, receber um prêmio pelo risco assumido da posição vendida e ainda usufruir dos rendimentos da renda fixa até o dia do vencimento da série de opções, ou seja, três benefícios em conjunto[8].

Como no exemplo abaixo, retirado do pregão da Bolsa:

> *O investidor almeja comprar 1.000 ações* **Vale ON (Vale 3)** *para sua carteira de ações de longo prazo. No mercado, a ação* **Vale 3** *está custando* **R$ 43,00** *e o investidor já dispõe*

---

[8] MAUAD, Rogério Paulucci. INVISTA EM AÇÕES CONTROLANDO SEUS RISCOS. São Paulo, Editora Biblioteca 24 Horas, 2015.

> de capital suficiente em sua conta para comprar a ação no mercado a vista. No entanto, em sua análise, julga estar o preço de mercado muito caro e deseja esperar uma condição melhor. Resolve então vender 1.000 put **Vale N 424**, cujo strike é **R$ 42,49** por **R$ 1,10** cada. Faltam 23 dias úteis para o encerramento da série.

Como o investidor abrirá uma posição vendida em *put*, deverá depositar ativos como margem de garantia. Uma parte de seu capital já disponível em sua conta na corretora, somado ao valor do prêmio recebido no dia seguinte à venda da *put* serão direcionados a este fim. Em seguida, o investidor pode aguardar pacientemente os acontecimentos do mercado.

O objetivo desta operação é comprar a ação-objeto a preços mais vantajosos, se comparados aos praticados pelo mercado. Não é uma operação com sucesso garantido. Há a possibilidade de, durante o tempo de vigência da *put* vendida, as cotações da ação-objeto não caiam abaixo do *strike* e o investidor não consiga adquirir a ação, na forma de exercício de sua posição vendida.

Não ocorrendo o exercício, a *put* vendida "vira pó" e o investidor embolsa a totalidade do valor do prêmio. Poderá então repetir a operação no mês subsequente, escolhendo um novo *strike*, o qual lhe pareça adequado.

Em caso de exercício, o investidor realizará seu intento original, ou seja, adquirir a ação-objeto, contudo, em condições muito mais vantajosas de preço, se comparadas aquelas do dia da montagem desta estratégia.

Resumo da estratégia com o exercício da *put*, sem considerar custos de corretagem e emolumentos:

	Preço (R$)
A – Valor em dinheiro depositado em conta-corrente suficiente para cobrir o exercício	+ 43.000,00
B - Venda de 1.000 Vale N 424	+ 1.100,00
C- Total (A+B)	+ 44.100,00
D – Resultado do exercício da *put* vendida	- 42.490,00
E – Resultado Final da operação ou saldo positivo na conta-corrente após o exercício (C-D)	+ 1.610,00
Retorno percentual bruto	7,70 %

Resumo da estratégia sem o exercício da *put*, sem considerar custos de corretagem e emolumentos:

	Preço (R$)
A – Valor em dinheiro depositado em conta-corrente suficiente para cobrir o exercício	+ 43.000,00

B - Venda de 1.000 Vale N 424	+ 1.100,00
C- Total (A+B)	+ 44.100,00
Saldo em conta-corrente para repetir a operação no mês seguinte	+ 44.100,00

A não ocorrência do exercício, com a *put* virando pó no encerramento da série, fez o saldo em conta deste investidor crescer em 2,55%, um rendimento maior se comparado a um título de renda fixa de prazo equivalente. Com saldo financeiro em sua conta, o investidor pode montar estratégia semelhante no mês subsequente.

Esta é uma estratégia para o investidor paciente, sem pressa de adquirir as ações no mercado à vista. O risco está em deixar de comprar a ação, a cotação subir muito, o investidor não usufruir do retorno com a alta do papel e o saldo remanescente em conta, mesmo somado ao prêmio da *put* vendida, torne-se insuficiente para comprar a quantidade de ações originalmente almejada.

Outro fator de risco desta estratégia é a queda forte na cotação da ação-objeto levando o preço de mercado abaixo do *break-even* da operação. No exemplo este ponto é R$ 41,39 (*strike* da *put* – valor recebido com a venda da *put*). Mesmo assim, com a ocorrência do exercício, o investidor estará em melhor situação comparado ao preço de mercado vigente no dia da montagem da estratégia.

O *strike* da *put* a ser vendida também é uma escolha do investidor. Quanto mais *out-the-money* estiver a *put*, ou seja, quando menor for o seu *strike* em relação ao preço de mercado da ação-objeto, menor será a probabilidade de ocorrer o exercício.

Nas tabelas abaixo encontramos um breve resumo dos pontos fortes e fracos desta estratégia.

Pontos fortes:

Custos menores para se adquirir a ação.

Possibilidades de retornos superiores aos obtidos em investimentos de renda fixa, em caso de não exercício da *put*.

Possibilidade de se auferir uma renda mensal se não ocorrer exercício da *put*.

Pontos fracos:

Necessidade de depósito prévio de margem de garantia pois é uma posição vendida.

Risco de ser exercido estando o preço de mercado abaixo do *break-even* da operação.

Risco de não conseguir comprar no futuro a quantidade inicialmente pretendida na ação, em caso de alta forte nas cotações.

4.5 Trava de alta com *calls*

As travas são operações muito simples de serem realizadas até pelo *trader* iniciante em opções. Necessitam de menos capital na montagem da operação, ou até mesmo geram crédito inicial. São um instrumento útil para aproveitar as tendências de mercado, tanto de alta como de baixa, reduzindo o risco em relação à exposição na ação. Ou seja, o investidor pode aproveitar as altas e baixas das ações sem comprá-las ou vendê-las a descoberto, com menos capital investido e com um risco menor e perfeitamente controlável.

A trava de alta com *calls*, também conhecida como *long call spread*, é uma operação especulativa destinada a aproveitar a alta nas cotações da ação-objeto, sem estar comprado no ativo e com riscos menores se comparados a compra de *call* a seco. É montada a partir da compra de uma *call* de *strike* inferior e a venda de uma *call* de *strike* superior, ambas na mesma quantidade e com a mesma data de vencimento. A montagem da operação gerará um débito na conta do investidor, pois o prêmio da *call* de *strike* inferior comprada sempre será maior se comparado ao prêmio da *call* de *strike* superior vendida.

Como na venda coberta com *call*, as travas de alta com *calls* podem ser montadas com opções *in-the-money*, *at-the-money* ou *out-the-money*. Nas primeiras, o custo da montagem será maior, porém com melhores probabilidades de se atingir o lucro máximo da estratégia, em caso de alta nas cotações. Uma trava de alta com *calls out-the-money*, por sua vez, custa menos para ser montada, mas tem pouca probabilidade de se atingir o lucro máximo.

Abaixo temos mais um exemplo retirado no pregão da B3:

> *O investidor acredita em uma alta nas ações* **Petrobras PN (Petr 4)** *mas não deseja comprar a ação. No mercado, a ação* **Petr 4** *está custando* **R$ 17,00** *e o investidor acredita que poderão atingir* **R$ 18,00** *em até um mês. No intuito de aproveitar a subida na cotação pretende montar uma trava de alta com calls. Compra 10.000 call* **Petr B 5**, *cujo strike é* **R$ 17,00** *por* **R$ 0,75** *e vende 10.000 call* **Petr B 38**, *com strike de* **R$ 18,00** *por* **R$ 0,37**. *Faltam 23 dias úteis para o encerramento da série.*

A trava de alta com *calls* é considerada uma posição comprada e, portanto, não exigirá depósito prévio de margem de garantia pelo investidor.

Por ser uma operação pouco complexa é possível determinar, no momento da montagem, qual será o lucro máximo e qual será o risco máximo do investidor com a estratégia.

O objetivo desta operação é aproveitar a alta na cotação da ação-objeto, sem adquiri-la e com riscos menores, comparados à compra da *call* a seco. Caso a estratégia seja bem-sucedida, o retorno proporcional de uma trava de alta em razão ao capital total investido é muitas vezes superior ao retorno proporcionado pela própria compra da ação.

No exemplo acima, a trava de alta atingirá seu lucro máximo se a cotação da ação *Petr 4* no mínimo alcançar R$ 18,00, no dia do vencimento da série. Caso a cotação da ação-objeto caia abaixo de R$ 17,00, o investidor perderá 100% do seu capital investido na montagem da trava.

Resumo da estratégia, sem considerar custos de corretagem e emolumentos:

	Preço (R$)
A – Compra de 10.000 Petr B 5	- 7.500,00
B – Venda de 10.000 Petr B 38	+ 3.700,00
C – Total gasto na montagem (A – B)	- 3.800,00
Lucro máximo possível	+ 6.200,00 (*Strike* da B 38 – *Strike* da B 5) x 10.000 – total gasto na montagem da trava

Lucro máximo como percentual sobre o total investido	163,15%

A cotação da ação acima do *strike* da *call* vendida irá gerar o lucro máximo desta operação de trava de alta. As duas *calls* são exercidas, o investidor compra 10.000 ações *Petr 4* por R$ 17,00 e revende-as, na sequência, por R$ 18,00. O exercício não é obrigatório, podendo o investidor desmontar a trava tão logo seus objetivos de lucro sejam alcançados.

Nas tabelas abaixo temos um breve resumo dos pontos fortes e fracos desta trava de alta.

Pontos fortes:

Custos menores se comparados à compra de *call* a seco e à compra da ação.

Possibilidade de participar das altas na cotação da ação-objeto sem adquiri-la. É uma alternativa à compra da própria ação no mercado a vista.

Retorno e risco máximos definidos na montagem da operação.

Não há necessidade de depósito prévio de margem de garantia pois é considerada uma operação comprada e a *call* de *strike* inferior garante a de *strike* superior.

Pontos fracos:

Possibilidade de perda de 100% do capital investido se a cotação da ação cair abaixo do *strike* da *call* comprada.

Retorno limitado, o investidor não irá usufruir de uma alta forte na cotação da ação, levando o preço de mercado muito além do *strike* da *call* vendida.

4.6 Trava de baixa com *calls*.

A trava de baixa com *calls* (*short call spread*) é uma operação especulativa destinada a aproveitar a queda nas cotações da ação-objeto, sem vender a descoberto o ativo, e com riscos muito menores se comparados a venda de *call* a descoberto (*naked call*). É montada a partir da venda de uma *call* de *strike* inferior e a compra de uma *call* de *strike* superior, ambas na mesma quantidade e com a mesma data de vencimento. A montagem da operação gerará um crédito na conta do investidor, pois o prêmio da *call* de *strike* inferior vendida sempre será maior se comparado ao prêmio da *call* de *strike* superior comprada.

Como na estratégia anterior, as travas de baixa com *calls* podem ser montadas com opções *in-the-money*, *at-the-money* ou *out-the-money*. Nas primeiras, o crédito será maior, porém com maiores probabilidades de ocorrer exercício nas duas *calls* e a operação resultar em prejuízo para o investidor. Uma trava de baixa com *calls out-the-money*, por sua vez, gerará menos crédito inicial e tem maior probabilidade de atingir o lucro máximo.

No quadro a seguir temos um exemplo de trava de baixa no pregão da B3:

> *O investidor acredita em uma queda nas ações* **Petrobras PN (Petr 4)** *mas não deseja vender a ação a descoberto. No mercado, a ação* **Petr 4** *está custando* **R$ 17,00** *e o investidor acredita que poderão atingir* **R$ 16,00** *em até um mês. No intuito de aproveitar a queda na cotação pretende montar uma trava de baixa com calls. Vende 10.000 call* **Petr B 5**, *cujo strike é* **R$ 17,00** *por* **R$ 0,75** *e compra 10.000 call* **Petr B 38**, *com strike de* **R$ 18,00** *por* **R$ 0,37**. *Nesta data, faltam 23 dias úteis para o encerramento da série.*

A trava de baixa com *calls* é considerada uma posição vendida em opções e, portanto, exigirá depósito prévio de margem de garantia pelo investidor. No entanto, a margem de garantia máxima exigida nunca ultrapassará a fórmula

(strike da call superior comprada – strike da call inferior vendida) x número de opções.

No exemplo acima a margem de garantia exigida flutuará de acordo com os valores de mercado. Contudo não ultrapassará R$ 10.000,00, pois esse montante também é o prejuízo máximo a ser experimentado pelo investidor, caso o mercado não confirme as suas expectativas de queda na cotação.

Além do risco máximo do investidor com a estratégia, é possível também determinar, no momento da montagem, qual será o lucro máximo e, no caso de uma trava de baixa com *calls*, este será o montante recebido para montar a operação.

O objetivo desta operação é aproveitar a queda na cotação da ação-objeto, com riscos menores comparados à venda a descoberto no ativo e a venda de *call* a descoberto. Portanto, o investidor espera que as duas *calls* da trava "virem pó", confirmando assim suas expectativas de baixa na ação. Caso a estratégia seja bem-sucedida, o montante recebido inicialmente será o lucro total da operação.

Não há capital investido e o risco máximo está exatamente na ocorrência de exercício nos dois *strikes*. Este é o pior cenário possível para uma trava de baixa e irá gerar o prejuízo máximo do investidor assim calculado:

(strike superior – strike inferior) x número de opções + total recebido para montar a estratégia.

No exemplo acima, a trava de baixa atingirá seu lucro máximo se a cotação da ação *Petr 4* cair abaixo de R$ 17,00, até o dia de vencimento da série. Caso a cotação da ação-objeto suba acima de R$ 18,00, gerando o duplo exercício nas *calls*, o investidor terá o seu prejuízo máximo.

Resumo da estratégia, sem considerar custos de corretagem e emolumentos:

	Preço (R$)
A – Venda de 10.000 Petr B 5	+ 7.500,00
B – Compra de 10.000 Petr B 38	– 3.700,00
C – Crédito na montagem (B – A)	+ 3.800,00
Lucro máximo da estratégia	+ 3.800,00
Prejuízo máximo da estratégia	– 6.200,00 (*Strike* da B 38 – *Strike* da B 5) x 10.000 + crédito na montagem

O investidor também pode desmontar a trava de baixa a qualquer momento, caso suas expectativas de retorno se confirmem ou para diminuir o prejuízo, antes da data de encerramento de negociações na série. Basta apenas recomprar a quantidade de *call* vendida e vender a *call* comprada.

Nas tabelas abaixo temos um breve resumo dos pontos fortes e fracos desta trava de baixa.

Pontos fortes:

Riscos menores se comparados à venda a descoberto da ação e à venda a descoberto de *call*.

Possibilidade de participar das quedas na cotação da ação-objeto sem desembolso financeiro.

Lucro e risco máximos definidos na montagem da operação.

Pontos fracos:

Possibilidade de prejuízo, se a cotação da ação subir até o *strike* da *call* comprada.

Retorno limitado

Há a necessidade de depósito prévio de margens de garantia, pois a trava de baixa é considerada uma operação vendida em opções.

4.7 Trava de baixa com *puts*

Nesta estratégia de trava de baixa com *puts*, também conhecida como *long put spread*, o investidor deseja também auferir lucro aproveitando-se da queda na cotação da ação. É montada de forma inversa à trava de baixa com *calls*, porém com o mesmo objetivo, ganhar com a queda nas cotações do papel, até o encerramento da série de opções.

Para montá-la, o investidor comprará uma quantidade de *put* de *strike* superior e, na sequência, venderá a mesma quantia de uma *put* de *strike* inferior, ambas com o mesmo vencimento. É uma operação sempre montada com *débito inicial*, pois o prêmio da *put* de *strike* superior comprada será sempre maior comparado ao prêmio da *put* de strike inferior vendida.

A estratégia é uma alternativa à compra de *put a seco* vista anteriormente. Seus custos de montagem são menores. Contudo, em caso de queda muito forte nas cotações da ação-objeto, seu potencial de lucro está limitado pela *put* de *strike* inferior vendida.

A seguir temos um exemplo de trava de baixa com *puts* extraído do pregão da B3:

> *O investidor acredita em uma queda nas ações **Petrobras PN (Petr 4)**, mas não deseja vender a ação a descoberto. No mercado, a ação **Petr 4** está custando **R$ 17,00** e o investidor acredita que poderão atingir **R$ 16,00** em até um mês. No intuito de aproveitar a queda na cotação pretende montar uma trava de baixa com puts. Compra 10.000 put **Petr N 5**, cujo strike é **R$ 17,00** por **R$ 0,50** e vende 10.000 put **Petr N 56**, com strike de **R$ 16,00** por **R$ 0,19**. Nesta data, faltam 23 dias úteis para o encerramento da série.*

A trava de baixa com *puts* é considerada uma posição comprada em opções e, portanto, não exigirá depósito prévio de margem de garantia pelo investidor.

Por ser uma operação pouco complexa, é possível determinar, no momento da montagem, qual será o lucro máximo e qual será o risco máximo do investidor com esta estratégia.

O objetivo desta operação é aproveitar a queda na cotação da ação-objeto sem vendê-la a descoberto e com riscos menores comparados à compra da *put a seco*. Caso a estratégia seja bem-sucedida, o retorno proporcional de uma trava de baixa com *puts*, em razão ao capital total investido, é muitas vezes superior ao percentual de queda na cotação da ação-objeto.

No exemplo acima, a trava de baixa atingirá seu lucro máximo se a cotação da ação *Petr 4* no mínimo alcançar R$ 16,00 no dia do vencimento da série. Caso a cotação da ação-objeto suba acima de R$ 17,00, as duas *puts* "viram pó" e o investidor perderá 100% do seu capital investido na montagem da trava.

Resumo da estratégia, sem considerar custos de corretagem e emolumentos:

	Preço (R$)
A – Compra de 10.000 Petr N 5	- 5.000,00

B – Venda de 10.000 Petr N 56	+ 1.900,00
C – Total gasto na montagem (B – A)	- 3.100,00
Lucro máximo possível	+ 6.900,00 (*Strike* da N 5 – *Strike* da N 56) x 10.000 – (total gasto na montagem da trava)
Lucro máximo como percentual sobre o total investido	222,58%

A cotação da ação-objeto abaixo do *strike* da *put* vendida irá gerar o lucro máximo desta operação de trava de baixa. As duas *puts* são exercidas, o investidor compra 10.000 ações *Petr 4* por R$ 16,00 e revendê-as na sequência por R$ 17,00, exercendo a *put* de *strike* superior.

O exercício não é obrigatório, podendo o investidor desmontar a trava tão logo seus objetivos de lucro sejam alcançados. Recomenda-se encerrar a operação até a sexta-feira anterior ao dia de vencimento da série, pois levar as opções ao exercício gerará maiores custos de corretagens e emolumentos ao investidor.

Nas tabelas abaixo temos um breve resumo dos pontos fortes e fracos desta trava de alta.

Pontos fortes:

Custos e riscos menores se comparados à compra de *put* a seco e à venda da ação a descoberto.

Possibilidade de participar das quedas na cotação da ação-objeto.

Retorno e risco máximos definidos na montagem da operação.

Não há necessidade de depósito prévio de margem de garantia pois é considerada uma operação comprada e a *put* de *strike* superior garante a de *strike* inferior.

Pontos fracos:

Possibilidade de perda de 100% do capital investido se a cotação da ação subir acima do *strike* da *put* comprada.

Retorno limitado, o investidor não irá usufruir de uma queda forte na cotação da ação, levando o preço de mercado muito além do *strike* da *put* vendida.

4.8 Compra de *butterfly* com *calls*

As estratégias conhecidas como *butterfly*, ou borboleta, são muito populares entre os *traders* de opções.

Na montagem de qualquer *butterfly* são utilizadas 3 opções de 3 diferentes *strikes*, podendo o investidor escolher entre opções *in-the-money*, *at-the-money* ou *out-the-money*, de acordo com seu julgamento do mercado. Há sempre um patamar ótimo para a cotação da ação-objeto, o qual irá garantir o lucro máximo da operação.

A *butterfly* nada mais é do que a combinação de uma trava de alta com uma trava de baixa ou vice-versa. Tem o nome de borboleta pois, as *calls* compradas inferior e superior são conhecidas no jargão do mercado como as asas e a *call* intermediária, vendida em dobro, o corpo da borboleta.

Para montarmos uma *butterfly* comprada em *calls* (*long call butterfly*) escolhemos opções de compra com 3 *strikes* diferentes. Na *call* de *strike* inferior compramos uma determinada quantidade. Na *call* de *strike* intermediário vendemos o dobro da quantidade comprada na anterior e na *call* de *strike* superior, compramos a mesma quantidade de opções do *strike* inferior. O objetivo é lucrar com a alta na cotação da ação-objeto e o lucro máximo ocorrerá se, no encerramento da série, o preço da ação estiver no *strike* da *call* intermediária.

Para uma melhor compreensão, vejamos um exemplo retirado da B3:

> O investidor acredita em alta para as ações **Vale ON (Vale 3)**. No mercado, a ação **Vale 3** está custando **R$ 43,00**. Julga ser interessante montar uma **long call butterfly**. Compra 1.000 call **Vale B 424**, cujo strike é **R$ 42,49** por R$ 2,00,

> *vende na sequência 2.000 call **Vale B 14**, cujo strike é **R$ 44,49** por R$ 1,00 e, por fim, compra 1.000 call **Vale B 464**, com strike em **R$ 46,49** por R$ 0,45. Faltam 23 dias úteis para o encerramento da série.*

A *long call butterfly* é a soma de uma trava de alta (compra de *call* de *strike* inferior e venda de *call* de *strike* intermediário) com uma trava de baixa (venda de *call* de *strike* intermediário e compra de *call* de *strike* superior). A operação é montada com débito inicial e esse será o risco máximo a ser suportado pelo investidor, o qual poderá ocorrer em duas situações, se no encerramento da série a cotação da ação-objeto se situar abaixo do *strike* inferior ou acima do *strike* superior, no exemplo, R$ 42,49 e R$ 46,49.

No exemplo acima, a *long call butterfly* atingirá seu lucro máximo se a cotação da ação *Vale 3* situar-se em R$ 44,49 na data de encerramento do exercício.

Resumo da estratégia, sem considerar custos de corretagem e emolumentos:

	Preço (R$)
A – Compra de 1.000 Vale B 424	- 2.000,00
B – Venda de 2.000 Vale B 14	+ 2.000,00
C – Compra de 1.000 Vale B 464	- 450,00

D – Total gasto na montagem (A+B+C)	- 450,00
Lucro máximo da estratégia	+ 1.550,00 (*Strike* da B 14 – *Strike* da B 424) x quantidade de *call* B 424 - débito na montagem
Prejuízo máximo da estratégia	- 450,00

Não há necessidade de depósito prévio de margens de garantia, pois o sistema interpreta a *long call butterfly* como uma operação única composta por 3 partes. A *call* de *strike* inferior comprada (*Vale B 424*, no exemplo) garante metade da quantidade de *call* de *strike* intermediário vendida (Vale B 14) e a outra metade está travada pela quantidade de *call* superior comprada (Vale B 464).

A cotação da ação-objeto exatamente no *strike* da *call* Vale B 14, na data de encerramento da série, fará esta *call* e a *call* Vale B 464 virarem pó e garantirá o lucro máximo da estratégia. Nesta operação em específico, a relação risco-retorno mostra-se vantajosa para a sua implementação. O investidor se arrisca a perder R$ 450,00 para ganhar até R$ 1.550,00, ou seja, o possível montante de lucro é quase 3,5 vezes maior, classificando essa operação como de menor risco (*mais a ganhar, menos a perder*). Todavia, caso as condições de mercado se alterem, caberá ao investidor analisar os 3 diferentes prêmios e ver as vantagens e desvantagens de montar uma *long call butterfly*.

Uma *long call butterfly* pode ser também montada de forma assimétrica, ou seja, a distância entre os três diferentes *strikes* não é a mesma. O exercício não é obrigatório, podendo o investidor desmontar a *long call butterfly* tão logo seus objetivos de lucro sejam alcançados ou também para encerrar a operação malsucedida antes do termo final. Recomenda-se encerrar a operação até a sexta-feira anterior ao dia de vencimento da série, pois levar as opções ao exercício gerará maiores custos de corretagens e emolumentos ao investidor.

Nas tabelas abaixo temos um breve resumo dos pontos fortes e fracos desta *long call butterfly*.

Pontos fortes:

Custos e riscos menores se comparados à trava de alta e à compra da *call* a seco.

Possibilidade de participar da alta na cotação da ação-objeto.

Retorno e risco máximos definidos na montagem da operação.

Não há necessidade de depósito prévio de margem de garantia.

Pontos fracos:

Possibilidade de perda de 100% do capital investido se a cotação da ação cair abaixo do *strike* da *call* inferior ou acima do *strike* da *call* superior.

Retorno limitado a uma alta moderada na cotação da ação-objeto. Porém, se esta subir forte, o investidor poderá ter prejuízo.

4.9 Venda de *butterfly* com *calls*.

A venda de *butterfly* com *calls* ou *short call butterfly* segue a mesma regra da operação anterior. O investidor acredita em uma queda na cotação da ação-objeto. Porém, ainda conseguirá lucrar se a cotação do ativo subir forte e ultrapassar o *strike* da *call* superior, agora vendida.

Esta operação, composta de duas vendas e uma compra, normalmente gera um crédito inicial para o investidor. Este crédito será o seu lucro máximo se, na data de encerramento da série, o preço de mercado da ação-objeto situar-se abaixo da *call* de *strike* inferior ou acima do *strike* da *call* superior, ambas vendidas.

Para ilustrar a estratégia, temos mais um exemplo retirado da B3:

> O investidor acredita em queda para as ações **Vale ON (Vale 3)**. No mercado, a ação **Vale 3** está custando **R$ 43,00**. Julga ser interessante montar uma operação **short call butterfly**. Vende 1.000 call Vale B 424, cujo strike é R$ 42,49 por R$ 2,00, compra na sequência 2.000 call Vale B 14, cujo strike é R$ 44,49 por R$ 1,00 e, por fim, vende 1.000 call Vale B 464, com strike em R$ 46,49 por R$ 0,45. Faltam 23 dias úteis para o encerramento da série.

A *short call butterfly* é a soma de uma trava de baixa (venda de *call* de *strike* inferior e compra de *call* de *strike* intermediário) com uma trava de alta (compra de *call* de *strike* intermediário e venda de *call* de *strike* superior). A montagem da operação gerará crédito ao investidor e o prejuízo máximo a ser suportado ocorrerá se, no encerramento da série, o preço de mercado da ação-objeto estiver situado no *strike* da *call* intermediária. No exemplo acima, ao contrário da operação anterior, a *short call butterfly* atingirá seu prejuízo máximo se a cotação da ação *Vale 3* situar-se em R$ 44,49 na data de encerramento do exercício.

Resumo da estratégia, sem considerar custos de corretagem e emolumentos:

	Preço (R$)
A – Venda de 1.000 Vale B 424	+ 2.000,00
B – Compra de 2.000 Vale B 14	- 2.000,00

C – Venda de 1.000 Vale B 464	+ 450,00
D – Total do crédito na montagem (A+B+C)	+ 450,00
Lucro máximo da estratégia	+ 450,00 (abaixo do *strike* da Vale B 424 ou acima do *strike* da Vale B 464)
Prejuízo máximo da estratégia	– 1.550,00 (*Strike* da B 14 – *strike* da B 424) x quantidade de B 424 vendidas – total do crédito na montagem.

Nesta estratégia há necessidade de depósito prévio de margens de garantia, pois o sistema interpreta a *short call butterfly* como uma operação vendida composta por 3 partes. A *call* de *strike* inferior vendida (*Vale B 424*, no exemplo) é a maior geradora de risco na estratégia, risco esse limitado pela compra do dobro da quantidade de *call* de *strike* intermediário (*Vale B 14*). Conforme o preço de mercado da ação cai abaixo do *strike* da *Vale B 424* ou sobe além do *strike* da *Vale B 464*, o risco inicial da estratégia vai se dissipando.

Como vimos, a relação risco-retorno desta operação em específico torna desvantajosa a sua implementação. O investidor se arrisca a perder R$ 1.550,00 para ganhar somente R$ 450,00, ou seja, o possível montante de prejuízo é quase 3,5 vezes maior, classificando essa operação como de alto risco (*mais a perder, menos a ganhar*). No entanto, caso as condições de mercado se alterem, caberá ao investidor analisar os 3 diferentes prêmios e ver as vantagens e desvantagens de montar a *short call butterfly*.

A *short call butterfly* pode ser também montada de forma assimétrica, ou seja, quando a distância entre os três diferentes *strikes* não é a mesma. O exercício não é obrigatório, o investidor deve desmontá-la tão logo atinja seus objetivos de lucro ou para encerrar a operação malsucedida antes do termo final. Recomenda-se desmontar a operação até a sexta-feira anterior ao dia de vencimento da série, pois carregar as opções ao exercício gerará maiores custos de corretagens e emolumentos ao investidor.

Nas tabelas abaixo temos um breve resumo dos pontos fortes e fracos desta estratégia.

Pontos fortes:

Custos menores se comparados à trava de baixa e à venda a descoberto da ação.

Possibilidade de lucrar em caso de queda ou de forte alta na cotação da ação-objeto.

Retorno e risco máximos definidos na montagem da operação.

Pontos fracos:

Relação risco-retorno frequentemente desfavorável, a depender dos *strikes* escolhidos.

Há necessidade de depósito prévio de margem de garantia pois é considerada uma operação vendida.

4.10 Compra de *butterfly* com *puts*

A compra de uma *butterfly* com *puts*, ou *long put butterfly*, é uma estratégia para o investidor lucrar com a queda nos preços de mercado da ação-objeto. A intensidade da queda e o lucro esperado dependem do *strike* a ser escolhido para a venda da *put* de *strike* intermediário.

Semelhante à *long call butterfly*, a montagem da operação requer a compra de uma quantidade de *put* de *strike* superior, a venda em dobro de uma *put* de *strike* intermediário e a compra de uma *put* de *strike* inferior na mesma quantia da *put* de *strike* superior comprada.

Esta operação gera um débito inicial na conta do investidor e o lucro máximo será atingido se, na data de encerramento da série de opções, o preço de mercado da ação-objeto estiver no *strike* da *put* intermediária vendida.

Vamos ao exemplo prático retirado do pregão da B3:

> *O investidor acredita em uma queda nas ações **Petrobras PN (Petr 4)** mas não deseja vender a ação a descoberto. No mercado, a ação **Petr 4** está custando **R$ 17,00** e o investidor acredita que poderão atingir **R$ 16,00** em até um mês. No intuito de aproveitar a queda na cotação pretende montar uma **long put butterfly**. Compra 10.000 put **Petr N 5**, cujo strike é **R$ 17,00** por **R$ 0,50** e vende 20.000 put **Petr N 56**, com strike de **R$ 16,00** por **R$ 0,19** e compra 10.000 **put Petr N 15**, com strike em R$ 15,00 por R$ 0,09, a qual irá travar a quantidade excedente vendida. Nesta data, faltam 25 dias úteis para o encerramento da série de opções.*

A *long put butterfly* é a soma de uma trava de baixa (compra de *put* de *strike* superior e venda de *put* de *strike* intermediário) com uma trava de alta (venda de *put* de *strike* intermediário o compra de *put* de *strike* inferior). A montagem da operação gerará débito ao investidor e este será o prejuízo máximo a ser suportado. O lucro máximo ocorrerá se, no encerramento da série, o preço de mercado da ação-objeto estiver situado no *strike* da *put* intermediária. No exemplo acima, a *long put butterfly* atingirá seu lucro máximo se a cotação da ação *Petr 4* situar-se em R$ 16,00 na data de encerramento dos negócios com opções desta série.

Resumo da estratégia, sem considerar custos de corretagem e emolumentos:

	Preço (R$)
A – Compra de 10.000 Petr N 5	- 5.000,00
B – Venda de 20.000 Petr N 56	+ 3.800,00
C – Compra de 10.000 Petr N 15	- 900,00
D – Total gasto na montagem (A+B+C)	- 2.100,00
Lucro máximo possível	+ 7.900,00 (*Strike* da N 5 – *Strike* da N 56) x 10.000 – (total gasto na montagem da *butterfly*)
Lucro máximo como percentual sobre o total investido	376,19%

Não há necessidade de depósito prévio de margens de garantia, pois o sistema interpreta a *long put butterfly* como uma operação de compra única composta por 3 partes. A *put* de *strike* superior comprada (*Petr N 5*) garante metade da quantidade da *put* de *strike* intermediário vendida (*Petr N 56*) e a outra metade está travada pela quantidade de *put* de *strike* inferior comprada (*Petr N 15*).

Nesta operação em específico, a relação risco-retorno mostra-se vantajosa para a sua implementação. O investidor se arrisca a perder no máximo R$ 2.100,00 para ganhar até R$ 7.900,00, ou seja, o possível montante de lucro é quase 3,7 vezes maior se comparado ao prejuízo máximo já suportado por ocasião da montagem, classificando essa operação como de menor risco (*mais a ganhar, menos a perder*). Todavia, caso as condições de mercado se alterem, caberá ao investidor analisar os 3 diferentes prêmios e ver as vantagens e desvantagens de montar uma *long put butterfly*.

Uma *long put butterfly* pode ser também montada de forma assimétrica, ou seja, a distância entre os três diferentes *strikes* não é a mesma. O exercício não é obrigatório, podendo o investidor desmontar a *long put butterfly* tão logo seus objetivos de lucro sejam alcançados ou também para encerrar a operação malsucedida antes do termo final. Recomenda-se encerrar a operação até a sexta-feira anterior ao dia de vencimento da série, pois levar as opções ao exercício gerará maiores custos de corretagens e emolumentos ao investidor.

Nas tabelas abaixo temos um breve resumo dos pontos fortes e fracos desta estratégia.

Pontos fortes:

Custos e riscos menores se comparados à trava de baixa com *puts* e à compra da *put* a seco.

Possibilidade de participar da queda na cotação da ação-objeto.

Retorno e risco máximos definidos na montagem da operação.

Não há necessidade de depósito prévio de margem de garantia.

Possibilidade de operar utilizando pouco capital.

Pontos fracos:

Possibilidade de perda de 100% do capital investido se a cotação da ação cair abaixo do *strike* da *put* inferior ou acima do *strike* da *put* superior.

Retorno limitado a uma queda moderada na cotação da ação-objeto, a depender do *strike* escolhido para a *put* vendida.

4.11 Venda de *butterfly* com *puts*

A venda de uma *butterfly* com *puts*, ou *short put butterfly*, é uma estratégia para o investidor aproveitar uma alta e também uma queda forte nos preços de mercado da ação-objeto. O lucro total será o crédito obtido por ocasião da montagem. O montante do possível prejuízo máximo depende do *strike* a ser escolhido para a compra da *put* de *strike* intermediário.

Semelhante à *short call butterfly*, a montagem da operação requer a venda de uma quantidade de *put* de *strike* superior, a compra em dobro de uma *put* de *strike* intermediário e a venda de uma *put* de *strike* inferior na mesma quantia da *put* de *strike* superior vendida.

Esta operação gera um crédito inicial na conta do investidor e este será o seu lucro máximo. O lucro máximo será confirmado se, na data de encerramento da série de opções, o preço de mercado da ação-objeto estiver acima do *strike* da *put* superior vendida ou abaixo do *strike* da *put* inferior, também vendida.

O prejuízo máximo, por sua vez, ocorrerá se, no dia do exercício, o preço de mercado da ação estiver no *strike* da *put* intermediária comprada.

Vamos ao exemplo prático retirado do pregão da B3:

> *O investidor acredita em uma alta nas ações* **Petrobras PN (Petr 4)** *mas não deseja comprar a ação. No mercado, a ação* **Petr 4** *está custando* **R$ 17,00** *e o investidor acredita que poderão subir em até um mês. No intuito de aproveitar a alta na cotação pretende montar uma estratégia* **short put butterfly**. *Vende 10.000 put* **Petr N 5**, *cujo strike é* **R$ 17,00** *por* **R$ 0,50;** *compra 20.000 put* **Petr N 56**, *com strike de* **R$ 16,00** *por* **R$ 0,19** *e vende 10.000* **put Petr N 15**, *com strike em* **R$ 15,00** *por R$ 0,09, a qual irá travar a quantidade*

excedente comprada. Nesta data, faltam 25 dias úteis para o encerramento da série de opções.

Nesta estratégia, o lucro máximo ocorrerá se, no encerramento da série, o preço de mercado da ação-objeto estiver situado acima do *strike* da *put* superior ou abaixo do *strike* da *put* inferior, ambas vendidas no início da operação. No exemplo acima, a *short put butterfly* atingirá seu lucro máximo se a cotação da ação *Petr 4* situar-se acima de R$ 17,00 ou abaixo de R$ 15,00 na data de encerramento dos negócios com opções desta série.

Resumo da estratégia, sem considerar custos de corretagem e emolumentos:

	Preço (R$)
A – Venda de 10.000 Petr N 5	+ 5.000,00
B – Compra de 20.000 Petr N 56	– 3.800,00
C – Venda de 10.000 Petr N 15	+ 900,00
D – Crédito recebido na montagem (A+B+C)	+ 2.100,00
Prejuízo máximo possível	– 7.900,00 (*Strike* da N 5 – *Strike* da N 56) x 10.000 – (crédito recebido na montagem da *butterfly*)

| Prejuízo máximo como percentual sobre o total investido | 376,19% |

Nesta estratégia há necessidade de depósito prévio de margens de garantia, pois o sistema interpreta a *short put butterfly* como uma operação vendida única composta por 3 partes. A *put* de *strike* superior vendida (*Petr N 5*) está travada pela *put* de *strike* intermediário comprada (*Petr N 56*).

Nesta operação em específico, a relação risco-retorno mostra-se desvantajosa para a sua implementação. O investidor se arrisca a perder até R$ 7.900,00 para ganhar no máximo R$ 2.100,00, ou seja, o potencial prejuízo é quase 3,7 vezes maior se comparado ao lucro máximo da estratégia. Esta desproporção classifica essa operação como de alto risco (*mais a perder, menos a ganhar*).

Há com certeza no mercado estratégias mais vantajosas, do ponto de vista da relação risco-retorno, para o investidor aproveitar a queda na cotação da ação-objeto. Todavia, caso as condições de mercado se alterem, caberá ao investidor analisar os 3 diferentes prêmios e ver as vantagens e desvantagens de montar uma estratégia *short put butterfly*.

A *short put butterfly* pode ser também montada de forma assimétrica, ou seja, a distância entre os três diferentes *strikes* não é a mesma. O exercício não é obrigatório, podendo o investidor desmontar a *short put butterfly* tão logo seus objetivos de lucro sejam alcançados ou encerrar a operação malsucedida antes do final da série. Recomenda-se fechar a operação até a sexta-feira anterior ao dia de vencimento da série, pois levar as opções ao exercício gerará maiores custos de corretagens e emolumentos ao investidor.

Nas tabelas abaixo, temos um breve resumo dos pontos fortes e fracos desta estratégia.

Pontos fortes:

Possibilidade de participar da alta ou de uma queda bem forte na cotação da ação-objeto.

Retorno e risco máximos definidos na montagem da operação.

Possibilidade de operar utilizando pouco capital.

Pontos fracos:

Prejuízo potencial maior que o lucro máximo.

Retorno limitado a uma alta na cotação da ação-objeto, ou a uma queda forte

Há necessidade de depósito prévio de margem de garantia.

4.12 Compra de *condor* com *calls*

A compra de um *condor* com *calls* é uma estratégia mais complexa destinada aquele investidor com expectativas de uma alta moderada no preço de mercado da ação-objeto até o dia de vencimento da série de opções. A montagem da estratégia, conhecida como *long call condor* envolve a escolha de 4 *calls* com *strikes* diferentes e com o mesmo prazo de vencimento, as quais serão compradas e vendidas na mesma quantidade.

A *long call condor* também é uma união de duas travas, uma de alta e uma de baixa. No entanto, por envolver 4 *calls*, ao invés de 3 como na *butterfly*, oferece menos risco ao investidor, o qual tem a possibilidade de distanciar os *strikes* das duas *calls* centrais, ampliando a região de lucro máximo. Portanto, a estratégia permite um bom controle dos riscos envolvidos e possui custos baixos para ser implementada.

Para montar uma *long call condor*, o investidor deve começar montando uma trava de alta em *calls*. A primeira *call* a ser escolhida será comprada e normalmente seu *strike* está *in-the-money*, ou seja, abaixo do atual preço de mercado da ação. Na sequência venderá a mesma quantidade de uma *call* de *strike* superior, por exemplo, *at-the-money*. Desta forma, metade da estratégia já estará completa.

A segunda metade da *long call condor* envolve a montagem de uma trava de baixa com *calls*. O investidor venderá a mesma quantidade de uma *call* de *strike* mais alto, *out-the-money* e comprará a mesma quantia de uma quarta *call* de *strike* ainda mais alto, travando a anterior vendida. O objetivo é lucrar com uma pequena alta ou até a estabilidade na cotação da ação-objeto até o *strike* da *call at-the-money* vendida.

A escolha ideal dos *strikes* das *calls* depende das expectativas do investidor e das condições de volatilidade do mercado. Caso espere uma alta mais forte, o investidor poderá escolher *strikes* mais distanciados entre si.

Para uma melhor compreensão, ilustramos com um exemplo retirado da B3:

> *O investidor acredita em estabilidade ou até uma pequena alta para as ações **Vale ON (Vale 3)**, no próximo mês. No mercado, a ação Vale 3 está custando **R$ 43,00**. Pretende então montar uma **long call condor**. Compra 1.000 call **Vale B 418**, cujo strike é R$ 41,49 por R$ 2,60, vende na sequência 1.000 call **Vale B 424**, cujo strike é R$ 42,49 por R$ 1,80. Na sequência, vende 1.000 call **Vale B 14**, com strike em R$ 44,49 por R$ 1,00 e compra 1.000 call **Vale B 454**, com strike em R$ 45,49 por R$ 0,50. Faltam 28 dias úteis para o encerramento da série.*

A operação *long call condor* é montada com débito inicial e esse será o risco máximo a ser suportado pelo investidor, o qual poderá ocorrer em duas situações, se no encerramento da série a cotação da ação-objeto situar-se abaixo do *strike* inferior ou acima do *strike* superior, no exemplo, R$ 41,49 e R$ 45,49.

No exemplo acima, a *long call condor* atingirá seu lucro máximo se o preço de mercado ação *Vale 3* situar-se entre R$ 42,49 e R$ 44,49, os dois *strikes* intermediários, na data de encerramento da série. A partir de R$ 44,49, o lucro final da estratégia começará a diminuir. Neste exemplo, caso as 4 *calls* sejam exercidas, o investidor terá o prejuízo máximo [(42,49 − 41,49) − (45,49 − 44,49)] x 1.000 − total gasto na montagem.

Resumo da estratégia, sem considerar custos de corretagem e emolumentos:

	Preço (R$)
A – Compra de 1.000 Vale B 418	- 2.600,00
B – Venda de 1.000 Vale B 424	+ 1.800,00
C – Venda de 1.000 Vale B 14	+ 1.000,00
D – Compra de 1.000 Vale B 454	- 500,00
D – Total gasto na montagem (A+B+C+D)	- 300,00
Lucro máximo da estratégia	+ 700,00 (*Strike* da B 424 − *Strike* da B 418) x quantidade de *call* B

	418 - débito na montagem
Prejuízo máximo da estratégia	- 300,00
Lucro máximo como percentual do capital investido	233,33 %

Não há necessidade de depósito prévio de margens de garantia, pois a trava de alta garante a trava de baixa.

Nesta operação *long call condor* em específico, a relação risco-retorno mostra-se vantajosa para a sua implementação. O *trader* se arrisca a perder no máximo R$ 300,00 para ganhar até R$ 700,00, ou seja, o possível lucro é quase 2,3 vezes maior se comparado ao prejuízo máximo já suportado por ocasião da montagem, classificando essa operação como de menor risco (*mais a ganhar, menos a perder*). Todavia, caso as condições de mercado se alterem, caberá ao investidor analisar os 4 diferentes prêmios e ver as vantagens e desvantagens de montar uma *long call condor*.

Uma *long call condor* pode ser também montada de forma assimétrica, ou seja, a distância entre os quatro diferentes *strikes* não é a mesma. O exercício não é obrigatório, podendo o *trader* sair da operação tão logo seus objetivos de lucro sejam alcançados ou também para encerrar uma operação malsucedida antes do termo final. Recomenda-se desmontar a *long call condor* até o último dia antes do vencimento da série, pois levar as opções ao exercício gerará maiores custos de corretagens e emolumentos ao *trader*.

Nas tabelas abaixo temos um breve resumo dos pontos fortes e fracos desta estratégia.

Pontos fortes:

Custos e riscos menores para montar.

Relação risco-retorno normalmente favorável.

Possibilidade de obter lucro com uma pequena alta ou mesmo com a estabilidade da cotação da ação-objeto.

Retorno e risco máximos definidos na montagem da operação.

Não há necessidade de depósito prévio de margem de garantia.

Possibilidade de operar utilizando pouco capital.

Pontos fracos:

Possibilidade de perda de 100% do capital investido se a cotação da ação cair abaixo do *strike* inferior ou acima do *strike* da *call* superior.

4.13 Venda de *condor* com *calls*

A venda de um *condor* com *calls* é uma estratégia destinada ao *trader* de opções que acredita em uma queda no preço de mercado da ação-objeto até o dia de vencimento da série de opções. Da intensidade da queda esperada dependerá a escolha do *strike* mais baixo da *call* a ser vendida. A montagem da estratégia, conhecida como *short call condor,* envolve a escolha de 4 *calls* com *strikes* diferentes e com o mesmo prazo de vencimento, as quais serão vendidas e compradas na mesma quantidade.

A *short call condor* também é uma união de duas travas, uma de baixa e uma de alta. No entanto, por envolver 4 *calls*, oferece menos risco ao investidor em caso de alta muito forte na cotação da ação-objeto pois, neste caso, a trava de alta começará a lucrar. Portanto, a estratégia permite um bom controle dos riscos envolvidos e gera um crédito inicial para o investidor.

Para montar um *short call condor*, o investidor deve começar montando uma trava de baixa em *calls*. A primeira *call* a ser escolhida será vendida e normalmente seu *strike* está *in-the-money*, ou seja, abaixo do atual preço de mercado da ação. Da escolha deste *strike* dependerá o sucesso da estratégia. Se o operador espera uma queda forte na cotação da ação pode vender *call in-the-money*. Caso espere uma queda moderada ou pequena, recomenda-se começar com a venda de uma *call at-the-money*. Na sequência, comprará a mesma quantidade de uma *call* de *strike* superior à primeira, travando a venda inicial. Desta forma, metade da estratégia já estará completa.

A segunda metade da *short call condor* envolve a montagem de uma trava de alta com *calls*, a qual diminuirá o risco da operação como um todo, em caso de alta forte na cotação da ação. O *trader* comprará a mesma quantidade de uma *call* de *strike* mais alto, *out-the-money* e venderá a mesma quantia de uma quarta *call* de *strike* ainda maior, completando a trava de alta. O objetivo final é lucrar com uma queda na ação ou até a estabilidade na cotação, se a primeira *call* vendida for at-the-money.

A escolha ideal dos *strikes* das *calls* depende das expectativas do investidor ou *trader* e das condições de volatilidade do mercado. Caso espere uma queda mais forte, poderá escolher *strikes* mais distanciados entre si. *Strikes* muito distantes entre si, contudo, também podem gerar aumentos de risco.

Seguimos com mais um exemplo real de mercado:

O trader acredita em queda para as ações **Vale ON (Vale 3)**, *no próximo mês. No mercado, a ação* **Vale 3** *está custando* **R$ 43,00**. *Pretende então montar uma* **short call condor**. *Vende 1.000 call* **Vale B 418**, *cujo strike é R$ 41,49 por R$ 2,60; compra na sequência 1.000 call* **Vale B 424**, *cujo strike é R$ 42,49 por R$ 1,80. Na sequência, compra 1.000 call* **Vale B 14**, *com strike em R$ 44,49 por R$ 1,00 e vende 1.000 call* **Vale B 454**, *com strike em R$ 45,49 por R$ 0,50. Faltam 28 dias úteis para o encerramento da série.*

A operação *short call condor* é montada normalmente com crédito e esse será o lucro máximo a ser alcançado pelo investidor, o qual poderá ocorrer em duas situações, se no encerramento da série, a cotação da ação-objeto situar-se abaixo do *strike* inferior ou acima do *strike* superior.

No exemplo acima, a *short call condor* atingirá seu lucro máximo se o preço de mercado ação *Vale 3* situar-se abaixo de R$ 41,49 e acima de R$ 45,49, os dois *strikes* extremos, na data de encerramento da série. Entre R$ 42,49 e R$ 44,49 está a região de prejuízo máximo. A partir de R$ 44,49, o prejuízo da estratégia começará a diminuir, pois a trava de alta começa a se valorizar. Neste exemplo, caso as 4 *calls* sejam exercidas, o investidor terá o seu lucro máximo [(- 42,49 + 41,49) + (45,49 – 44,49)] x 1.000 + crédito recebido na montagem.

Resumo da estratégia, sem considerar custos de corretagem e emolumentos:

	Preço (R$)
A – Venda de 1.000 Vale B 418	+ 2.600,00
B – Compra de 1.000 Vale B 424	- 1.800,00
C – Compra de 1.000 Vale B 14	- 1.000,00
D – Venda de 1.000 Vale B 454	+ 500,00

D – Total recebido na montagem (A+B+C+D)	+ 300,00
Prejuízo máximo da estratégia	- 700,00 (*Strike* da B 424 – *Strike* da B 418) x quantidade vendida de call B 418 - crédito na montagem
Lucro máximo da estratégia	+ 300,00

Há necessidade de depósito prévio de margens de garantia, pois a trava de baixa inicial da estratégia é considerada uma operação vendida. No entanto, as margens não ultrapassam a diferença dos *strikes* da trava de baixa multiplicado pela quantidade vendida/comprada de opções.

Nesta operação *short call condor* em específico, a relação risco-retorno mostra-se desvantajosa para a sua implementação. O *trader* se arrisca a ganhar no máximo R$ 300,00, podendo perder até R$ 700,00, ou seja, o possível montante de prejuízo é quase 2,3 vezes maior se comparado ao lucro máximo já atingido por ocasião da montagem, classificando essa operação como de maior risco (*menos a ganhar, mais a perder*). Porém, caso as condições de mercado se alterem, caberá ao operador analisar os 4 diferentes prêmios e ver as vantagens e desvantagens de montar a *short call condor*.

A *short call condor* pode ser também montada de forma assimétrica, ou seja, a distância entre os quatro diferentes *strikes* é diversa. Como nas anteriores, recomenda-se não levar as opções a exercício, para não incidir em custos extras de emolumentos e corretagens. Nestas condições, é preferível desmontá-la antes.

Nas tabelas abaixo temos um breve resumo dos pontos fortes e fracos desta estratégia.

Pontos fortes:

Possibilidade de obter lucro com a queda ou mesmo com a estabilidade da cotação da ação-objeto (a depender do *strike* escolhido para primeira venda).

Retorno e risco máximos definidos na montagem da operação.

Possibilidade de operar utilizando pouco capital.

Pontos fracos:

Relação risco-retorno normalmente desfavorável.

Necessidade de depósito prévio de margem de garantia.

4.14 Compra de *condor* com *puts*

A compra de um *condor* com *puts* destina-se ao investidor com expectativas em uma queda moderada no preço de mercado da ação-objeto, até o dia de vencimento da série de opções. A montagem da estratégia, conhecida como *long put condor*, envolve a escolha de 4 *puts* com *strikes* diferentes e com o mesmo prazo de vencimento, as quais serão compradas e vendidas na mesma quantidade.

A *long put condor* também é uma união de duas travas, uma de baixa e uma de alta. Por empregar 4 diferentes *puts*, oferece menos risco ao investidor, o qual tem a possibilidade de distanciar os *strikes* das duas *puts* centrais, ampliando a região de lucro máximo. Portanto, a estratégia permite um bom controle dos riscos envolvidos e possui custos baixos para ser implementada.

Para montar uma *long put condor*, o investidor deve escolher o *strike* da primeira *put* a ser comprada. Ela será a *put* principal e guiará o restante da estratégia. Normalmente seu *strike* está *in-the-money*, ou seja, acima do atual preço de mercado da ação. Na sequência, venderá a mesma quantidade de uma *put* de *strike* inferior, por exemplo, *at-the-money*. Desta forma, metade da estratégia já estará completa.

A segunda metade da *long put condor*, o *trader* irá vender uma *put out-the-money*, isto é, o *strike* encontra-se abaixo do preço de mercado da ação e irá comprar uma última *put* ainda mais *out-the-money*, travando essa última venda. O objetivo é lucrar com uma pequena queda na cotação da ação-objeto até o *strike* da *put at-the-money* vendida.

A escolha ideal dos *strikes* das *put* dependem das expectativas do operador e das condições de volatilidade do mercado. Caso espere uma queda mais forte, poderá escolher *strikes* mais distanciados entre si.

Para uma melhor compreensão, ilustramos com um exemplo retirado da B3:

> *O trader acredita em uma queda moderada nas ações* **Petrobras PN (Petr 4)**. *No mercado, a ação* **Petr 4** *está custando* **R$ 17,00** *e suas expectativas são cotações de R$* **16,00** *em até um mês. No intuito de aproveitar a queda na cotação pretende montar uma* **long put condor**. *Compra 1.000 put* **Petr N 38**, *cujo strike é* **R$ 18,00** *por* **R$ 1,40**; *vende 1.000 put* **Petr N 5**, *cujo strike é* **R$ 17,00** *por R$ 0,70; vende 1.000 put* **Petr N 56**, *com strike de* **R$ 16,00** *por* **R$ 0,30** *e compra 1.000 put* **Petr N 15**, *com strike em* **R$ 15,00** *por* **R$ 0,08**, *a qual irá travar a quantidade excedente vendida. Nesta data, faltam 25 dias úteis para o encerramento da série de opções.*

A operação *long put condor* é montada com débito inicial e esse será o risco máximo a ser suportado pelo investidor, o qual poderá ocorrer em duas situações, se, no encerramento da série, a cotação da ação-objeto estiver acima do *strike* superior da *put* comprada ou abaixo do *strike* inferior, no exemplo, R$ 18,00 e R$ 15,00, respectivamente.

No exemplo acima, a *long put condor* atingirá seu lucro máximo se o preço de mercado ação *Petr 4* situar-se entre R$ 17,00 e R$ 16,00, os dois *strikes* intermediários, na data de encerramento da série. Abaixo de R$ 16,00, o lucro final da estratégia começará a diminuir. Neste exemplo, caso as 4 *puts* sejam exercidas, o investidor terá o prejuízo máximo [(18,00 − 17,00) − (16,00 − 15,00)] x 1.000 − total gasto na montagem.

Resumo da estratégia, sem considerar custos de corretagem e emolumentos:

	Preço (R$)
A – Compra de 1.000 Petr N 38	− 1.400,00
B – Venda de 1.000 Petr N 5	+ 700,00
C – Venda de 1.000 Petr N 56	+ 300,00
D – Compra de 1.000 Petr N 15	− 80,00
D – Total gasto na montagem (A+B+C+D)	− 480,00
Lucro máximo da estratégia	+ 520,00 (*Strike* da N 38 − *Strike* da N 5) x quantidade de *put* N 38 − débito na montagem

Prejuízo máximo da estratégia	- 480,00
Lucro máximo como percentual do capital investido	108,33 %

Não há necessidade de depósito prévio de margens de garantia, pois é uma operação comprada a *put* de *strike* superior comprada garante a vendida de *strike* inferior.

Nesta operação *long put condor* em específico, a relação risco-retorno mostra-se neutra para a sua implementação. O investidor se arrisca a perder no máximo R$ 480,00, para ganhar até R$ 520,00, ou seja, uma relação risco-retorno próxima da unidade. Contudo, se as condições de mercado se alterarem, caberá ao operador analisar os 4 diferentes prêmios e ver as vantagens e desvantagens de montar uma *long put condor*.

Uma *long put condor* pode ser também montada de forma assimétrica, ou seja, quando a distância entre os quatro diferentes *strikes* é diferente. Como nas anteriores, recomenda-se não levar as opções a exercício, para não incidir em custos extras de emolumentos e corretagens. Recomenda-se desmontá-la antes.

Nas tabelas abaixo, temos um breve resumo dos pontos fortes e fracos desta estratégia:

Pontos fortes:

Possibilidade de obter lucro com a queda ou mesmo com a estabilidade da cotação da ação-objeto (a depender do *strike* escolhido para primeira compra).

Retorno e risco máximos definidos na montagem da operação.

Possibilidade de operar utilizando pouco capital.

Não há necessidade de depósito prévio de margem de garantia

Pontos fracos:

Relação risco-retorno normalmente neutra (a depender do *strike* escolhido para a primeira compra).

4.15 Venda de *condor* com *puts*

A venda de um *condor* com *puts* destina-se ao investidor com expectativas em uma alta moderada no preço de mercado da ação-objeto, até o dia de encerramento da série de opções. A montagem da estratégia, conhecida como *short put condor*, envolve a escolha de 4 *puts* com *strikes* diferentes e com o mesmo prazo de vencimento, as quais serão compradas e vendidas na mesma quantidade.

A *short put condor* também é uma união de duas travas, uma de alta e uma de baixa. A estratégia gera um crédito inicial e permite um bom controle dos riscos envolvidos.

Para montar a *short put condor*, o investidor deve escolher o *strike* da primeira *put* a ser vendida. Ela será a *put* principal e guiará o restante da estratégia. Normalmente seu *strike* está *in-the-money*, ou seja, acima do atual preço de mercado da ação. Na sequência, comprará a mesma quantidade de uma *put* de *strike* inferior, por exemplo, *at-the-money*. Desta forma, metade da estratégia já estará completa.

Para a segunda metade da estratégia *short put condor*, o *trader* irá comprar uma *put out-the-money*, isto é, o *strike* encontra-se abaixo do preço de mercado na ação e vender a quarta *put* com *strike* ainda mais *out-the-money*, se comparado às anteriores. O objetivo de toda a estratégia é lucrar com uma alta na cotação da ação-objeto acima do *strike* da *put in-the-money* vendida, ou ainda uma queda bem acentuada, a qual derrubasse o preço de mercado da ação para baixo do *strike* da última *put* vendida.

A escolha ideal dos *strikes* dependem das expectativas do *trader* e das condições de volatilidade do mercado. Caso espere uma alta mais forte, poderá escolher como primeira *put* a ser vendida aquela com *strike* bem *in-the-money*.

Para uma melhor compreensão, ilustramos com um exemplo retirado da B3:

> O investidor acredita em uma alta nas ações **Petrobras PN (Petr 4)**. No mercado, a ação **Petr 4** está custando **R$ 17,00** e acredita em uma cotação de **R$ 18,00**, em até um mês. No intuito de apostar nesta tendência, pretende montar uma estratégia **short put condor**. Vende 1.000 put **Petr N 38**, cujo strike é **R$ 18,00**, por **R$ 1,40**; compra 1.000 put **Petr N 5**, cujo strike é **R$ 17,00**, por **R$ 0,70**; compra 1.000 put **Petr N 56**, com strike de **R$ 16,00**, por **R$ 0,30** e vende 1.000 put **Petr N 15**, com strike em **R$ 15,00**, por **R$ 0,08**. Nesta data, faltam 25 dias úteis para o encerramento da série de opções.

A operação *short put condor* gera um crédito inicial e esse será o lucro máximo da operação, o qual poderá ocorrer em duas situações, se no encerramento da série a cotação da ação-objeto se situar acima do *strike* superior da primeira *put* vendida ou abaixo do *strike* inferior, no exemplo, R$ 18,00 e R$ 15,00, respectivamente. Entre os dois *strikes* intermediários (R$ 17,00 e R$ 16,00) está a região de prejuízo máximo da estratégia

No exemplo acima, a *short put condor* atingirá seu prejuízo máximo se o preço de mercado ação *Petr 4* situar-se entre R$ 17,00 e R$ 16,00, os dois *strikes* intermediários, na data de encerramento da série. Abaixo de R$ 16,00 e até R$ 15,00, o prejuízo irá diminuir e o lucro final da estratégia reaparecerá, caso a cotação desabe abaixo de R$ 15,00. Neste exemplo, se as 4 *puts* forem exercidas, o investidor terá o lucro máximo assim calculado: [- (18,00 − 17,00) + (16,00 − 15,00)] x 1.000 + total recebido na montagem.

Resumo da estratégia, sem considerar custos de corretagem e emolumentos:

	Preço (R$)
A – Venda de 1.000 Petr N 38	+ 1.400,00
B – Compra de 1.000 Petr N 5	- 700,00
C – Compra de 1.000 Petr N 56	- 300,00
D – Venda de 1.000 Petr N 15	+ 80,00
D – Total recebido na montagem (A+B+C+D)	+ 480,00
Prejuízo máximo da estratégia	- 520,00 (*Strike* da N 38 – *Strike* da N 5) x quantidade de *put* N 38 - crédito na montagem
Lucro máximo da estratégia	+ 480,00

Nesta estratégia há necessidade de depósito prévio de margens de garantia, pois é considerada uma operação vendida em *put*.

A relação risco-retorno desta estratégia *short put condor* está levemente desfavorável à sua implementação. O operador se arrisca a ganhar no máximo R$ 480,00 e perder até R$ 520,00, ou seja, uma relação risco-retorno próxima da unidade. Porém, como o montante de prejuízo potencial é maior se comparado ao lucro máximo, recomenda-se evitá-la nestas específicas condições. Contudo, se as condições de mercado se alterarem, caberá ao *trader* analisar os 4 diferentes prêmios e ver as vantagens e desvantagens de montar a *short put condor*.

A *short put condor* pode ser também montada de forma assimétrica, ou seja, a distância entre os quatro diferentes *strikes* é diferente. Como nas anteriores, aconselha-se a não levar as opções a exercício, para não incidir em custos extras de emolumentos e corretagens. Recomenda-se desmontá-la antes do prazo final.

Nas tabelas abaixo temos um breve resumo dos pontos fortes e fracos desta estratégia.

Pontos fortes:

Possibilidade de obter lucro com a alta ou mesmo com a estabilidade da cotação da ação-objeto (a depender do *strike* escolhido para primeira venda).

Retorno e risco máximos definidos na montagem da operação.

Possibilidade de operar utilizando pouco capital.

Pontos fracos:

Relação risco-retorno normalmente desfavorável (a depender dos *strikes* escolhido).

Há a necessidade de depósito prévio de margens de garantia.

4.16 Iron Condor

Ao contrário das estratégias *condor* simples descritas anteriormente, as quais apenas usam *calls* e *puts* isoladamente, a operação conhecida como "*condor de ferro*" (*Iron Condor*) emprega *calls* e *puts* juntas na mesma montagem. Pode ser direcionada à uma aposta especulativa de alta ou de baixa, de acordo com as pretensões e expectativas do investidor.

A *iron condor*, se bem implementada, dará ótimos retornos ao *trader*. Porventura, se a aposta especulativa não foi na direção correta e o mercado frustrou as expectativas, a estratégia também permite um controle eficiente do risco, limitando o prejuízo nos *strikes* extremos com opções compradas.

A relação risco-retorno de cada *iron condor* depende dos *strikes* escolhidos para comprar e vender. Por ser uma aposta especulativa direcional de alta ou baixa, cabe também ao operador monitorá-la ativamente e desmontá-la ainda que parcialmente, caso suas expectativas iniciais não se confirmem.

4.16.1 Bull Iron Condor

Esta é a estratégia para quem espera uma alta nas cotações da ação-objeto e pretende participar com pouco capital investido, sem adquirir a ação e sem comprar uma *call a seco*. O investidor irá montar uma trava de alta com *calls* e simultaneamente, uma trava de alta com *puts*. Se as expectativas iniciais de alta se realizarem, a trava de alta com *calls* dará o seu retorno máximo, enquanto ambas as *puts* da trava de alta virarão pó.

Vamos a um exemplo retirado da B3:

> *O investidor acredita em alta para as cotações de **Vale ON** (Vale 3), no próximo mês, mas não pretende comprar a ação. No mercado, a ação **Vale 3** está custando **R$ 43,00**. Pretende então montar uma **bull iron condor**. Compra 1.000 call **Vale B 424**, cujo strike é **R$ 42,49** por R$ 1,80. Na sequência, vende 1.000 call **Vale B 436**, com strike em **R$ 43,62** por R$ 1,20. Para completar a operação, vende 1.000 put **Vale N 418**, com strike em **R$ 41,49** por R$ 0,40 e compra 1.000 put **Vale N 408**, com strike de **R$ 40,49** por R$ 0,20. O objetivo será ganhar o máximo retorno se a ação **Vale 3** no mínimo chegar a R$ 43,62. Faltam 28 dias úteis para o encerramento da série.*

A operação *bull iron condor* é montada com débito inicial. O primeiro *strike* a ser escolhido, o da *call* comprada, será o mais importante da operação. A escolha dos *strikes* obedece às expectativas altistas do investidor. Quanto mais *out-the-money* for a *call* vendida, mais o investidor irá lucrar com a alta na cotação da ação-objeto, porém maior será o custo inicial de montagem.

A escolha do *strike* para vender a primeira *put* deve obedecer ao controle de risco do investidor, caso a operação caminhe em sentido oposto ao inicialmente almejado. Para travar a *put* vendida com a compra de outra *put*, recomenda-se não escolher um *strike* muito distante, ou seja, não abrir muito o *spread*, pois se aumentará a área de prejuízos.

No exemplo acima, a *bull iron condor* atingirá seu lucro máximo se o preço de mercado ação *Vale 3* situar-se acima de R$ 43,62, o *strike* da *call* vendida, na data de encerramento da série. Abaixo de R$ 40,49, o operador terá seu prejuízo máximo, pois as expectativas iniciais de alta foram totalmente frustradas e a cotação da ação despencou. Entre R$ 41,49 e R$ 42,49, o investidor só irá perder o capital gasto na montagem.

Resumo da estratégia, sem considerar custos de corretagem e emolumentos:

	Preço (R$)
A – Compra de 1.000 Vale B 424	- 1.800,00

B – Venda de 1.000 Vale B 436	+ 1.200,00
C – Venda de 1.000 Vale N 418	+ 400,00
D – Compra de 1.000 Vale N 408	– 200,00
D – Total gasto na montagem (A+B+C+D)	– 400,00
Prejuízo máximo da estratégia	– 1.400,00 (*Strike* da N 418 – *Strike* da N 408) x quantidade de *put* N 418 + débito na montagem
Lucro máximo da estratégia	+ 730,00 (*Strike* da B 436 – *strike* da B 424) x quantidade de call B 424 – débito na montagem

Nesta estratégia há necessidade de depósito prévio de margens de garantia, pois há uma posição vendida em *put*. No entanto, a margem máxima será o *strike* da *put Vale N 418* – o *strike* de *Vale N 408*, multiplicado pelo número de *puts N 418* vendidas, pois trata-se de uma trava.

A relação risco-retorno desta *bull iron condor* está desfavorável à sua implementação. O investidor pode ganhar no máximo R$ 730,00 e se arrisca a perder até R$ 1.400,00, ou seja, o potencial prejuízo é quase duas vezes maior se comparado ao lucro máximo.

Porém, como o montante de prejuízo potencial é maior se comparado ao lucro máximo, recomenda-se ao operador desmontar a trava em *puts*, recomprando a *put* vendida e revendendo a comprada, no intuito de encerrar o prejuízo antes que atinja seu máximo. Devido ao prazo exíguo até o vencimento da série, uma reversão de tendência no preço de mercado da ação terá menor probabilidade de ocorrer, frustrando as expectativas iniciais de alta.

Contudo, se a aposta foi na direção certa e o preço de mercado da ação subiu, o lucro máximo representará 182 % do capital gasto na montagem da operação.

Uma *bull iron condor* pode ser também montada de forma assimétrica, ou seja, a distância entre os quatro diferentes *strikes* é diferente. Como nas anteriores, não é interessante ao *trader* levar as opções até o exercício para não incidir em custos extras de emolumentos e corretagens. Recomenda-se desmontá-la em sua totalidade, antes do prazo final.

Nas tabelas abaixo temos um breve resumo dos pontos fortes e fracos desta estratégia.

Pontos fortes:

Possibilidade de obter lucro com a alta da ação-objeto.

Retorno e risco máximos definidos na montagem da operação.

Possibilidade de operar utilizando pouco capital.

Pontos fracos:

Relação risco-retorno a ser sempre monitorada pelo investidor.

Há a necessidade de depósito prévio de margens de garantia.

4.16.2 Bear Iron Condor

Esta é mais uma estratégia para quem espera uma queda nas cotações da ação-objeto e pretende participar sem vender a ação a descoberto e sem comprar uma *put* a seco. O investidor irá montar uma trava de baixa com *calls* e simultaneamente, uma trava de baixa com *puts*. Se as expectativas iniciais de queda se realizarem, a trava de baixa com *puts* dará o seu retorno máximo, enquanto a trava de baixa com *calls* virará pó.

Vamos a um exemplo retirado da B3:

> O investidor acredita em queda para as ações **Vale ON (Vale 3)**, no próximo mês. No mercado, a ação **Vale 3** está custando **R$ 43,00**. Pretende então montar uma **bear iron condor**. Compra 1.000 put **Vale N 436**, cujo strike é **R$ 43,62** por **R$ 1,25**. Na sequência, vende 1.000 put **Vale N 424**, com strike em **R$ 42,49** por **R$ 0,65**. Para completar a operação, vende 1.000 call **Vale B 14**, com strike em **R$ 44,49** por **R$ 0,80** e compra 1.000 call **Vale B 454**, com strike de **R$ 45,49** por **R$ 0,42**. O objetivo será ganhar o máximo retorno se a ação **Vale 3** cair e atingir, no mínimo, R$ 42,49. Faltam 28 dias úteis para o encerramento da série.

A operação *bear iron condor* é montada com débito inicial. O primeiro *strike* a ser escolhido, o da *put* comprada, será o mais importante da operação, pois é o pilar central da aposta na queda das cotações da ação. A escolha dos *strikes* obedece às expectativas baixistas do investidor. Quanto mais *out-the-money* for a *put* vendida, mais o investidor irá lucrar com a queda na cotação da ação-objeto, porém maior será o custo inicial de montagem.

A escolha do *strike* para vender a primeira *call* deve atender o controle de risco do investidor, caso a operação caminhe em sentido oposto ao inicialmente almejado. Para travar a *call* vendida com a compra de outra *call*, recomenda-se não escolher um *strike* muito distante, ou seja, não abrir muito o *spread*, pois se aumentará a área de prejuízos.

No exemplo acima, a *bear iron condor* atingirá seu lucro máximo se o preço de mercado ação *Vale 3* situar-se igual ou abaixo de R$ 42,49, o *strike* da *put* vendida, na data de vencimento da série. Acima de R$ 45,49, contrariando todas as expectativas iniciais de queda, o operador terá seu prejuízo máximo. Entre R$ 43,62 e R$ 44,49, só irá perder o capital gasto na montagem.

Resumo da estratégia, sem considerar custos de corretagem e emolumentos:

	Preço (R$)
A – Compra de 1.000 Vale N 436	- 1.250,00
B – Venda de 1.000 Vale N 424	+ 650,00
C – Venda de 1.000 Vale B 14	+ 800,00
D – Compra de 1.000 Vale B 454	- 420,00
D – Total gasto na montagem (A+B+C+D)	- 220,00
Prejuízo máximo da estratégia	- 1.220,00 (Strike da B 454 – Strike da B 14) x quantidade de call B 14 + débito na montagem
Lucro máximo da estratégia	+ 910,00 (Strike da N 436 – strike da N 424) x

> quantidade de *put* N
> 436 – débito na
> montagem

Nesta estratégia há necessidade de depósito prévio de margens de garantia, pois há uma venda em *call*, ainda que travada. No entanto, a margem máxima será o *strike* da call *Vale B 454* – o *strike* de *Vale B 14*, multiplicado pelo número de *call Vale B 14* vendidas.

A relação risco-retorno desta *bear iron condor* está desfavorável à sua implementação. O *trader* se arrisca a ganhar no máximo R$ 910,00 e perder até R$ 1.220,00, ou seja, o potencial prejuízo é um pouco superior ao lucro máximo.

Recomenda-se também desmontar a trava de baixa em *calls*, recomprando a *call* vendida e revendendo a comprada, no intuito de encerrar o prejuízo decorrente da alta inesperada na ação, antes de atingir seu máximo. Devido ao prazo exíguo até o vencimento da série, uma reversão de tendência no preço de mercado da ação terá menor probabilidade de ocorrer, frustrando as expectativas iniciais de queda nas cotações.

Contudo, se a aposta foi na direção certa e o preço de mercado da ação caiu, o lucro máximo representará 413 % do capital gasto na montagem da operação.

Uma *bear iron condor* pode ser também montada de forma assimétrica, ou seja, a distância entre os quatro diferentes *strikes* é diferente. Como nas estratégias anteriores, recomenda-se não levar as opções a exercício, para não incidir em custos extras de emolumentos e corretagens.

Nas tabelas abaixo temos um breve resumo dos pontos fortes e fracos desta estratégia.

Pontos fortes:

Possibilidade de obter lucro com a queda da cotação da ação-objeto.

Retorno e risco máximos definidos na montagem da operação.

Possibilidade de operar utilizando pouco capital.

Pontos fracos:

Relação risco-retorno a ser sempre monitorada pelo investidor.

Há a necessidade de depósito prévio de margens de garantia.

4.17 Compra de *call* e venda a descoberto da ação

Uma das estratégias especulativas mais comuns no mercado de ações para ganhar dinheiro com a queda das cotações é a *venda a descoberto*. O *trader*, com expectativas futuras de baixa, vende a ação, sem possuí-la em carteira. Para implementá-la, deve inicialmente alugar a ação de investidores dispostos a ganhar uma renda extra, os quais não desejam se desfazer dos papéis, apenas cedê-lo temporariamente. Quando o preço de mercado cair e atingir a cotação pretendida, o *trader* recomprará os papéis, fechando a posição vendida, devolvendo também as ações anteriormente alugadas ao seu proprietário original.

Esta operação vendida, conhecida também como *short sale,* gera riscos ao *trader*, razão pela qual, antes de ser intentada, é necessário efetuar um deposito prévio de margens de garantia, as quais podem ser outras ações, dinheiro ou títulos de renda fixa.

O principal fator gerador de riscos e de prejuízo está na alta da cotação da ação escolhida para efetuar a *short sale*. O *trader* aposta na queda, o mercado frustra suas expectativas baixistas e a cotação da ação sobe. Deverá então recomprar a ação por um preço acima do preço anterior de venda e fechar sua posição vendida com prejuízo.

Para evitar esse principal risco gerador de prejuízos, o *trader* pode comprar uma *call* a seco no mercado, cujo *strike* esteja próximo ao preço de venda da ação a descoberto.

Com isto, caso as expectativas de queda na cotação da ação não se confirmem e o preço de mercado comece a subir, a *call* comprada servirá como um escudo protetivo, pois valorizará, à medida que a cotação avança. Desta forma, realizará um *hedge* que irá protegê-lo de um possível prejuízo em potencial.

Para ilustrar a situação, um exemplo real da B3:

> *O trader acredita em uma queda próxima nas ações **Petrobras PN (Petr 4)**. No mercado, a ação **Petr 4** está custando **R$ 17,30** e ele estima o preço da ação em **R$ 16,00** em até um mês, preço considerado como um suporte para a cotação do papel, uma queda de 7,5 %. No intuito de apostar nesta tendência, pretende montar uma estratégia **short sale, vendendo a descoberto a ação Petr 4 por R$ 17,30, no intuito de recomprá-la no futuro a R$ 16,00**. Aluga o papel, pagando uma taxa de 2% ao ano e vende 1.000 ações **Petr 4 por R$ 17,30**. Na sequência, para se proteger do risco de uma alta no papel, compra 1.000 call **Petr B 77**, cujo strike é **R$ 17,25** por **R$ 0,60**. Nesta data, faltam 20 dias úteis para o encerramento da série de opções.*

A estratégia *short sale* gerará um custo extra para o operador, o aluguel da ação pelo prazo correspondente. As ações mais líquidas da B3 possuem custos de aluguel baixos. Os valores de aluguel flutuam de acordo com a demanda de mercado e a oferta de papéis. Contudo, esta é mais uma despesa a ser considerada antes da montagem.

Esta operação destina-se ao *trader* com expectativas de queda no preço da ação-objeto, o qual não deseja correr riscos maiores, se a sua previsão estiver errada. A escolha do *strike* para comprar a *call* deve atender o seu controle de risco. Quanto mais *out-the-money* for a *call* escolhida, menores serão os custos, porém o *hedge* será menos efetivo, caso a operação caminhe em sentido oposto ao inicialmente almejado.

No exemplo acima, a *short sale* atingirá seu *break-even* com o preço da ação em R$ 16,70. Abaixo deste preço, o operador começará de fato a lucrar. Quanto maior a queda na cotação da ação-objeto até o prazo de vencimento da *call*, maior será o lucro.

Esta operação é exatamente oposta à estratégia de compra da ação e compra de *put* (estratégia 3.1 deste livro). Se a compra de uma *put* protege o investidor comprado na ação, a compra de uma *call* protegerá o *trader* vendido a descoberto.

Resumo da estratégia, sem considerar custos de corretagem e emolumentos:

	Preço (R$)
A – Venda de 1.000 Petr 4	+ 17.300,00
B – Compra de 1.000 Petr B 77	- 600,00
C – Total recebido na montagem (A+B)	+ 16.700,00

Custo de aluguel aproximado Petr 4 (20 d.u.)	- 28,00 (0,1573%)
Prejuízo máximo da estratégia	- 578,00 [- (preço de mercado da ação x número de ações vendidas a descoberto – total recebido na montagem) + (preço de mercado da ação - *strike* da B 77)] x quantidade de *calls* compradas - custo do aluguel da ação.
Lucro máximo da estratégia	(Total recebido na montagem – preço de mercado da ação no momento do encerramento da operação) – custo do aluguel da ação.

Nesta estratégia de *short sale* há necessidade de depósito prévio de margens de garantia, pois há uma venda a descoberto em uma ação. A compra da *call* trava o potencial prejuízo, porém não elimina a necessidade do depósito de margem.

A relação risco-retorno desta estratégia está favorável à sua implementação, atendendo ao propósito especulativo do *trader* de ganhar com a queda na cotação da ação. O prejuízo máximo será de R$ 578,00 ante um lucro que crescerá conforme a ação cair de preço, até o prazo final da série de opções.

Após o encerramento da série B, o operador ainda poderá prorrogar a *short sale*, se assim o desejar. No entanto, recomenda-se comprar uma nova *call* na próxima série (C, com vencimento em março) para controlar o risco de uma alta inesperada.

Nas tabelas abaixo temos um breve resumo dos pontos fortes e fracos desta estratégia.

Pontos fortes:

Possibilidade de obter lucro com a queda da cotação da ação-objeto.

Risco máximo definido na montagem da operação.

Pontos fracos:

Relação risco-retorno a ser sempre monitorada pelo investidor.

Há a necessidade de depósito prévio de margens de garantia.

4.18 *Collar* com venda da ação a descoberto

Esta estratégia é uma evolução da anterior. É um *short sale* com compra de *call*, como no exemplo anterior e uma venda de *put out-the-money* com o objetivo de reduzir em parte o custo de aquisição da *call* e colocar um piso à recompra da ação no futuro.

Sua estrutura é exatamente oposta à da estratégia *collar* com compra da ação-objeto (3.2). Para tanto, é necessário vender a ação-objeto a descoberto, comprar uma *call* para *hedge* contra altas inesperadas na cotação e vender uma *put* em um *strike out-the-money*, próximo ao preço-alvo para a futura recompra da ação.

Este proço de recompra e encerramento da estratégia é uma decisão do operador. Quanto mais *out-the-money* estiver o *strike* da *put*, menor será o valor de seu prêmio. Deve-se evitar vender *puts* com preços de poucos centavos. Não irão diminuir substancialmente o preço de aquisição da *call* e ainda exigirão maiores depósitos de margens de garantia, pois trata-se de uma segunda venda dentro da mesma estratégia. Neste caso, será melhor implementar a estratégia anterior (4.17).

A seguir um exemplo prático retirado do pregão da B3:

*O trader acredita em uma queda próxima nas ações **Petrobras PN (Petr 4)**. No mercado, a ação **Petr 4** está custando **R$ 17,30** e estima a cotação por volta de **R$ 16,00***

> em até um mês, preço considerado como um suporte para a cotação do papel, uma queda de 7,5 %. No intuito de apostar nesta tendência, pretende montar uma estratégia **short sale, vendendo a descoberto a ação Petr 4 por R$ 17,30, no intuito de recomprá-la no futuro a R$ 16,00**. Aluga o papel, pagando uma taxa de 2% ao ano e vende 1.000 ações **Petr 4 por R$ 17,30**. Na sequência, para se proteger do risco de uma alta no papel, compra 1.000 call **Petr B 77**, cujo strike é **R$ 17,25** por **R$ 0,60**. Por fim, para reduzir os custos de aquisição da call, vende 1.000 put **Petr N 56**, cujo strike é de **R$ 16,00**, por **R$ 0,20**. O strike escolhido para a put está exatamente no ponto onde o trader considera recomprar o papel e encerrar a operação. Nesta data, faltam 20 dias úteis para o encerramento da série de opções.

Esta estratégia *short sale* gerará um custo extra para o operador, o aluguel da ação pelo prazo correspondente. As ações mais líquidas da B3 possuem custos de aluguel baixos, pois há sempre grande oferta de papéis para alugar. Contudo, esta é mais uma despesa a ser considerada antes da montagem.

Esta operação também se destina ao *trader* com expectativas de queda no preço da ação-objeto, o qual não deseja correr riscos maiores se a sua previsão estiver errada. A escolha do *strike* para comprar a *call* deve atender o seu controle de risco. Quanto mais *out-the-money* for a *call* escolhida, menores serão os custos, porém o *hedge* será menos efetivo, caso a operação caminhe em sentido oposto ao inicialmente almejado.

A escolha do *strike* da *put* vendida, por sua vez, deve atender aos critérios de preço-alvo de encerramento almejados pelo operador. A venda da *put* diminuirá os custos de aquisição da *call* mas também limitará os ganhos da estratégia, em caso de confirmação da tendência de queda.

No exemplo acima, a estratégia atingirá seu *break-even* com o preço da ação em R$ 16,90. Abaixo deste preço, o operador começará de fato a lucrar. Quanto maior a queda na cotação da ação-objeto até o prazo de vencimento das opções, maior será o lucro. No entanto, caso o preço caia abaixo de R$ 16,00, a *put* será exercida e o *trader* encerrará a venda a descoberto. Neste caso, o *strike* da *put* serve como limitador aos lucros da operação.

Resumo da estratégia, sem considerar custos de corretagem e emolumentos:

	Preço (R$)
A – Venda de 1.000 Petr 4	+ 17.300,00
B – Compra de 1.000 Petr B 77	- 600,00
C – Venda de 1.000 Petr N 56	+ 200,00
D – Total recebido na montagem (A+B+C)	+ 16.900,00
Custo de aluguel aproximado Petr 4	- 28,00 (0,1573%)

(20 d.u.)	
Prejuízo máximo da estratégia	**- 378,00** [- (preço de mercado da ação x quantidade de ações vendidas – total recebido na montagem) + (preço de mercado da ação - *strike* da B 77)] x quantidade de B 77 compradas - custo do aluguel da ação
Lucro máximo da estratégia	**+ 872,00** (Total recebido na montagem – *strike* da put N 56) x número de ações vendidas – custo do aluguel da ação.

Nesta estratégia de *short sale* há necessidade de depósito prévio de margens de garantia, pois são duas vendas, a venda a descoberto da ação e a venda de uma *put out-the-money*. A compra da *call* trava o potencial prejuízo, porém não elimina a necessidade do depósito de margem.

A relação risco-retorno desta estratégia *short sale* está favorável à sua implementação, atendendo ao desejo inicial do *trader* de ganhar com a queda na cotação da ação. O prejuízo máximo será de R$ 378,00 ante um lucro máximo calculado em R$ 872,00.

Após o encerramento das séries B e N, o operador ainda poderá prorrogar esta estratégia *short sale*, comprando uma nova *call* e vendendo uma nova *put* nas séries seguintes.

Nas tabelas abaixo temos um breve resumo dos pontos fortes e fracos desta estratégia.

Pontos fortes:

Possibilidade de obter lucro com a queda da cotação da ação-objeto.

Risco máximo definido na montagem da operação.

Pontos fracos:

Relação risco-retorno a ser sempre monitorada pelo investidor.

Há a necessidade de depósito prévio de margens de garantia.

4.19 Straddle de compra (long-straddle)

As operações conhecidas como *straddle* também combinam uma *call* e uma *put*, no intuito de obter lucros especulativos direcionais. O investidor ou *trader* tem a seu dispor uma imensa gama de opções nos mais diversos *strikes*, para compor inúmeras estratégias, as quais atendam suas expectativas de lucro com a alta ou a queda das ações.

O *straddle* de compra, ou *long-straddle*, envolve a compra de uma *call* e de uma *put*, ambas no mesmo *strike* e com o mesmo prazo até o vencimento. Normalmente é feito com opções *at-the-money*, mas também pode ser realizado com opções *in-the-money* e *out-the-money*, de acordo com as expectativas do operador.

Esta é uma estratégia bidirecional destinada ao operador que espera uma grande volatilidade nos preços de mercado do ativo, e isto pode significar tanto uma alta forte, quanto uma queda na mesma proporção. Normalmente é montada por *traders* às vésperas de algum evento importante no calendário da empresa em si, o qual poderá impactar positivamente as ações (uma grande alta) ou negativamente (uma queda acentuada). Espera-se muita volatilidade no preço da ação, só não se prevê a direção. Portanto, aposta-se nas duas pontas simultaneamente.

Para visualizar a estratégia, temos um exemplo de *long-straddle* retirado de pregão:

> *O investidor acredita em uma alta volatilidade para as ações* **Vale ON (Vale 3)**, *nas próximas semanas. Contudo, tem suas dúvidas se as ações irão cair ou subir. No mercado, a ação* **Vale 3** *está custando* **R$ 43,50**. *Para aproveitar a futura volatilidade e lucrar tanto na alta como na baixa, pretende então montar um long-straddle. Compra 1.000* **call Vale B 436**, *cujo strike é* **R$ 43,62** *por* **R$ 1,40** *e, na sequência, compra 1.000* **put Vale N 436**, *cujo strike é* **R$ 43,62** *por R$*

> *1,20.* O objetivo será ganhar o máximo retorno se a ação *Vale 3* movimentar-se com força, subindo ou caindo, indo além do break-even da operação. Faltam 23 dias úteis para o encerramento da série.

A operação *long-straddle* é montada com débito inicial. Provavelmente esta é uma das operações mais caras com opções, pois o *trader* estará comprado em duas pontas, simultaneamente. Portanto, é muito importante ao operador conhecer o *break-even* superior e inferior, pois terá uma noção se, de acordo com a volatilidade histórica, poderá almejar lucro até o encerramento da série.

No exemplo acima, a *long-straddle* começará a lucrar se a ação, até o vencimento, situar-se abaixo de R$ 41,02, *break-even* inferior (lucra a *put*) ou acima de R$ 46,22, *break-even* superior (lucra a *call*). Todos os preços situados entre esta banda não farão o operador recuperar o total gasto na montagem da estratégia.

Portanto, o *long-straddle* só deve ser montado com opções cujas ações-objeto sejam muito voláteis. Ações com baixa volatilidade, isto é, ações com pouca oscilação para cima ou para baixo, são péssimas para esta estratégia.

Resumo da estratégia, sem considerar custos de corretagem e emolumentos:

	Preço (R$)
A – Compra de 1.000 Vale B 436	- 1.400,00

B – Compra de 1.000 Vale N 436	– 1.200,00
C – Total gasto na montagem (A+B)	– 2.600,00
Prejuízo máximo da estratégia	– 2.600,00 (o total gasto na montagem)
Lucro máximo em caso de alta forte	(Preço de mercado da ação – *strike* da *call*) x número de *calls* compradas – total gasto na montagem.
Lucro máximo em caso de queda forte	(*strike* da *put* – preço de mercado da ação) x número de *puts* compradas – total gasto na montagem.

Nesta estratégia não há necessidade de depósito prévio de margens de garantia, pois são duas compras e o prejuízo máximo, o operador já experimentou quando da montagem inicial.

A relação risco-retorno de um *long-straddle* precisa ser bem avaliada. Deve-se observar o prazo até o vencimento das opções e a volatilidade histórica da ação, para calcular as probabilidades de se atingir os preços alvos de alta e de baixa. Recomenda-se jamais montar um *long straddle* faltando pouco tempo para o encerramento da série de opções. A operação precisa de tempo.

Contudo, caso as expectativas de alta volatilidade não se confirmem, recomenda-se também reavaliar a estratégia e cogitar a desmontagem, vendendo as opções compradas e recuperando, ao menos em parte, o gasto na montagem inicial.

Nas tabelas abaixo temos um breve resumo dos pontos fortes e fracos desta estratégia.

Pontos fortes:

Possibilidade de obter lucro tanto com a alta como com a queda da cotação da ação, desde que sejam fortes.

Risco máximo definido na montagem da operação.

Não há necessidade de depósito prévio de margens de garantia.

Pontos fracos:

Necessita de muita volatilidade no ativo para poder lucrar.

Custo alto de montagem.

4.20 Straddle de venda (short-straddle)

O *straddle* de venda, ou *short-straddle,* envolve a venda de uma *call* e a venda de uma *put*, ambas no mesmo *strike* e com o mesmo prazo até o vencimento. É exatamente o oposto da operação anterior, *long-straddle.* Preferencialmente feita com opções *at-the-money*, mas também pode ser realizado com opções *in-the-money* e *out-the-money*, de acordo com as expectativas do operador.

Esta é uma estratégia bidirecional destinada ao operador com expectativas de pouca ou nenhuma volatilidade nos preços de mercado do ativo, nas semanas seguintes, isto é, cotações estáveis e com pouca oscilação nos retornos diários.

Montada por *traders,* os quais esperam períodos de calmaria na cotação da ação, distante de eventos importantes para a empresa. Espera-se pouca volatilidade no preço da ação, ou seja, estima-se que o preço de mercado permaneça próximo ao *strike* escolhido até o vencimento das opções.

Para compreensão da estratégia, temos um exemplo de *short-straddle* retirado de pregão:

> *O investidor acredita em uma baixa volatilidade para as ações* **Vale ON (Vale 3),** *nas próximas semanas. Espera-se que a cotação futura do papel fique próxima da atual cotação de mercado. No mercado, a ação* **Vale 3** *está custando* **R$ 43,50.** *Para aproveitar as expectativas de calmaria e lucrar*

> com a estabilidade, pretende então montar um short-straddle. Vende 1.000 **call Vale B 436**, cujo strike é **R$ 43,62** por R$ **1,40** e, na sequência, vende 1.000 **put Vale N 436**, cujo strike é **R$ 43,62** por R$ **1,20**. O objetivo será ganhar o máximo retorno se a ação **Vale 3** se movimentar pouco e permaneça próximo ao strike escolhido R$ 43,62. Faltam 23 dias úteis para o encerramento da série.

A operação *short-straddle* é montada com crédito inicial. Talvez este é um dos maiores créditos a serem obtidos quando se operam opções, pois o *trader* irá operar vendido em duas pontas, simultaneamente. Como na operação anterior, também é muito importante ao operador conhecer o *break-even* superior e inferior, pois poderá ter uma noção se, de acordo com a volatilidade histórica da ação, poderá obter lucro até o encerramento da série.

No exemplo acima, a *short-straddle* terá lucro se a ação, até o vencimento, permanecer acima de R$ 41,02, *break-even* inferior ou abaixo de R$ 46,22, *break-even* superior. Todos os preços situados além deste intervalo farão o operador ter prejuízo com a estratégia.

Portanto, o *short-straddle* só deve ser montado com opções cujas ações-objeto sejam pouco voláteis. Ações com alta volatilidade, isto é, ações com muita oscilação para cima ou para baixo são péssimas para esta estratégia.

Resumo da estratégia, sem considerar custos de corretagem e emolumentos:

	Preço (R$)
A – Venda de 1.000 Vale B 436	+ 1.400,00
B – Venda de 1.000 Vale N 436	+ 1.200,00
C – Total de crédito na montagem (A+B)	+ 2.600,00
Lucro máximo da estratégia	+ 2.600,00 (o total recebido na montagem)
Prejuízo máximo em caso de alta forte	- (Preço de mercado da ação – *strike* da *call*) x número de *calls* vendidas + total recebido na montagem.
Prejuízo máximo em caso de queda forte	- (*strike* da *put* – preço de mercado da ação) x número de *puts* vendidas + total recebido na montagem.

Nesta estratégia há necessidade de depósito prévio de margens de garantia dupla, pois são duas vendas de opções e o prejuízo máximo, em tese, poderá ser ilimitado.

A relação risco-retorno de um *short-straddle* necessita ser bem avaliada. Deve-se observar o prazo até o vencimento das opções e a volatilidade histórica da ação, para calcular as probabilidades da cotação da ação permanecer dentro do intervalo desejado. Recomenda-se jamais montar um *short-straddle* com muito tempo até o vencimento da série. Quanto menor o prazo até o encerramento dos negócios, maior a probabilidade do *trader* obter algum lucro.

Contudo, caso as expectativas de baixa volatilidade não se confirmem, recomenda-se também reavaliar a estratégia e cogitar a desmontagem, recomprando as opções vendidas e defendendo, ao menos em parte, o crédito recebido na montagem inicial.

Nas tabelas abaixo temos um breve resumo dos pontos fortes e fracos desta estratégia.

Pontos fortes:

Possibilidade de obter lucro tanto com a establlidade da cotação da ação.

Necessita de pouca volatilidade no ativo para poder lucrar.

Pontos fracos:

Risco máximo indefinido na montagem da operação. Em tese, o prejuízo pode ser ilimitado.

Há necessidade de depósito prévio de grandes margens de garantia.

4.21 Strangle de compra (long-strangle)

As operações conhecidas como *strangle* também combinam uma *call* e uma *put*, para se alcançar lucros especulativos direcionais. O investidor ou *trader* terá a seu dispor uma imensa gama de opções nos mais diversos *strikes* para compor diversas estratégias, as quais atendam suas expectativas de lucro com a alta ou a queda das ações.

O *strangle* de compra ou *long-strangle* envolve a compra de uma *call* e de uma *put*, em *strikes* diferentes e com o mesmo prazo até o vencimento. Normalmente é feito com opções *out-the-money*. Possuem a mesma estrutura das operações *straddle*, exceto pelo *strike* das opções, os quais são diversos.

Como o *straddle*, esta também é uma estratégia bidirecional destinada ao operador com expectativas de uma grande volatilidade iminente nos preços de mercado da ação, uma alta forte ou uma queda na mesma magnitude.

Também é montada por *traders* às vésperas de algum evento importante no calendário da empresa, o qual poderá impactar positivamente as ações (uma grande alta) ou negativamente (uma queda acentuada). O operador quer a aproveitar a volatilidade, contudo, não tem certeza da direção. Portanto, aposta-se nas duas pontas simultaneamente.

Para compreensão da operação, temos um exemplo de *long-strangle* retirado do pregão:

> *O investidor acredita em uma alta volatilidade para as ações **Vale ON (Vale 3)**, nas próximas semanas. Contudo, tem suas dúvidas se as ações irão cair ou subir. No mercado, a ação **Vale 3** está custando **R$ 43,50**. Para aproveitar a futura volatilidade e lucrar tanto na alta como na baixa, pretende então montar um long-strangle. Compra 1.000 **call Vale B 441**, cujo strike é **R$ 44,12** por **R$ 1,20** e, na sequência, compra 1.000 **put Vale N 73**, cujo strike é **R$ 43,12** por **R$ 0,90**. O objetivo será ganhar o máximo retorno se a ação **Vale 3** movimentar-se com força, subindo ou caindo, além do break-even superior ou inferior. Faltam 22 dias úteis para o encerramento da série.*

A operação *long-strangle* é montada com débito inicial, pois são duas pontas compradas em opções. Portanto, é muito importante ao operador conhecer o *break-even* superior e inferior, pois poderá ter uma noção se, de acordo com a volatilidade histórica da ação, poderá almejar lucro até o encerramento da série.

No exemplo acima, a *long-strangle* começará a lucrar se a ação, até o vencimento, situar-se abaixo de R$ 41,02, *break-even* inferior ou acima de R$ 46,22, *break-even* superior. Todos os preços situados dentro deste intervalo gerarão prejuízos para o operador, o qual não recuperará o total gasto na montagem da estratégia.

Portanto, a estratégia *long-strangle* só deve ser montada com opções cujas ações-objeto sejam muito voláteis. Ações com baixa volatilidade, isto é, ações com pouca oscilação para cima ou para baixo, são péssimas para este fim.

Resumo da estratégia, sem considerar custos de corretagem e emolumentos:

	Preço (R$)
A – Compra de 1.000 Vale B 441	- 1.200,00
B – Compra de 1.000 Vale N 73	- 900,00
C – Total gasto na montagem (A+B)	- 2.100,00
Prejuízo máximo da estratégia	- 2.100,00 (o total gasto na montagem)
Lucro máximo em caso de alta forte	(Preço de mercado da ação – *strike* da *call*) x número de *calls* compradas – total gasto na montagem.
Lucro máximo em caso de queda forte	(*strike* da *put* – preço de mercado da ação) x número de *puts*

> compradas – total gasto na montagem.

Nesta estratégia não há necessidade de depósito prévio de margens de garantia, pois são duas compras de opções e o prejuízo máximo o operador já suportou na montagem inicial.

A análise da relação risco-retorno de um *long-strangle* deve observar o prazo até o vencimento das opções e a volatilidade histórica da ação, para calcular as probabilidades de se atingir, no mínimo, os *break-even* de alta e de baixa. Recomenda-se jamais montar um *long strangle* faltando pouco tempo para o encerramento da série de opções. A operação precisa de tempo para as ações subirem ou caírem forte. As opções compradas perderão valor extrínseco conforme a data de exercício se aproxima.

Contudo, caso as expectativas de alta volatilidade não se confirmem, recomenda-se também reavaliar a estratégia e desmontar a operação, vendendo as opções compradas e recuperando, ao menos, uma parte do total gasto na montagem inicial.

Nas tabelas abaixo temos um breve resumo dos pontos fortes e fracos desta estratégia.

Pontos fortes:

Possibilidade de obter lucro tanto com a alta como com a queda da cotação da ação, desde que sejam fortes.

Risco máximo definido na montagem da operação.

Não há necessidade de depósito prévio de margens de garantia.

Pontos fracos:

Necessita de muita volatilidade no ativo para poder lucrar.

Custo alto de montagem.

4.22 Strangle de venda (short-strangle)

Monta-se um *strangle* de venda ou *short-strangle* com a venda de uma *call* e a venda de uma *put*, de *strikes* diferentes, com o mesmo prazo até o vencimento. É exatamente o oposto da operação anterior, *long-strangle*.

Esta é uma estratégia bidirecional destinada ao operador com expectativas de pouca ou nenhuma volatilidade nos preços de mercado do ativo, nas semanas seguintes, ou seja, cotações estáveis e com pouca oscilação nos retornos diários.

Montada por *traders* os quais esperam períodos de calmaria na cotação da ação, distante de eventos importantes para a empresa. Espera-se pouca volatilidade no preço da ação, isto é, preço de mercado dentro do intervalo dos *strikes* escolhidos até o vencimento das opções.

Para compreensão da estratégia, temos um exemplo de *short-strangle* retirado de pregão:

> *O investidor acredita em pouca volatilidade para as ações* **Vale ON (Vale 3)**, *nas próximas semanas. No mercado, a ação* **Vale 3** *está custando* **R$ 43,50**. *Para aproveitar a baixa volatilidade e lucrar com a estabilidade do papel, pretende então montar um short-strangle. Vende 1.000* **call Vale B 441**, *cujo strike é* **R$ 44,12** *por* **R$ 1,20** *e, na sequência, vende 1.000* **put Vale N 73**, *cujo strike é* **R$ 43,12** *por* **R$ 0,90**. *O objetivo será obter retorno máximo, se a ação* **Vale 3** *se movimentar pouco, situando-se entre R$ 43,12 e R$ 44,12. Faltam 22 dias úteis para o encerramento da série.*

Esta é uma estratégia carregada de valor extrínseco. São duas vendas em opções *out-the-money,* as quais perderão valor-tempo conforme o exercício de aproxima. Obrigatoriamente, se uma opção der exercício, a outra virará pó.

No exemplo acima, a *short-strangle* será lucrativa se a ação, até o vencimento, permanecer acima de R$ 41,02, *break-even* inferior ou abaixo de R$ 46,22, *break-even* superior. Todos os preços de mercado além desta banda farão o operador ter prejuízo com a estratégia.

Portanto, recomenda-se montar o *short-strangle* apenas com opções cujas ações-objeto sejam pouco voláteis. Ações com alta volatilidade, isto é, ações com muita oscilação para cima ou para baixo são péssimas para esta estratégia. Resumo da estratégia, sem considerar custos de corretagem e emolumentos:

	Preço (R$)
A – Venda de 1.000 Vale B 441	+ 1.200,00
B – Venda de 1.000 Vale N 73	+ 900,00
C – Total recebido na montagem (A+B)	+ 2.100,00
Lucro máximo da estratégia	+ 2.100,00 (o total recebido na montagem)
Prejuízo máximo em caso de alta forte	- (Preço de mercado da ação – *strike* da *call*) x número de *calls* compradas + total recebido na montagem.
Prejuízo máximo em caso de queda forte	- (*strike* da *put* – preço de mercado da ação) x número de *puts* compradas + total recebido na montagem.

Nesta estratégia há necessidade de depósito prévio de margens de garantia dupla, pois são duas vendas de opções e o prejuízo máximo, em tese, poderá ser ilimitado.

A análise da relação risco-retorno de um *short-strangle* deve observar o prazo até o vencimento das opções e a volatilidade histórica da ação, para calcular as probabilidades da cotação da ação permanecer dentro da faixa de preços desejada. Recomenda-se jamais montar um *short-strangle* com muito tempo até o vencimento da série. Quanto menor o prazo até o encerramento dos negócios, maior a probabilidade do *trader* obter algum lucro.

Contudo, caso as expectativas de baixa volatilidade não se confirmem, recomenda-se também reavaliar a estratégia e cogitar a desmontagem, recomprando as opções vendidas e defendendo, ao menos, parte do total do crédito recebido na montagem inicial.

Nas tabelas abaixo temos um breve resumo dos pontos fortes e fracos desta estratégia.

Pontos fortes:

Possibilidade de obter lucro com a estabilidade da cotação da ação.

Necessita de pouca volatilidade no ativo para poder lucrar.

Pontos fracos:

Risco máximo indefinido na montagem da operação. Em tese, o prejuízo pode ser ilimitado.

Há necessidade de depósito prévio de grandes margens de garantia.

4.23 Long Call Backspread ratio

As chamadas operações com *ratios* envolvem a compra ou venda de uma opção em diferentes proporções, atendendo as expectativas do operador de alta ou baixa nas cotações futuras da ação. São operações mais complexas, as quais devem ser intentadas por *traders* ou investidores mais experientes em operar opções.

A estratégia conhecida como *Long Call Backspread ratio* envolve a compra de uma *call* de *strike* inferior, normalmente *in-the-money* e a venda de uma quantidade maior de *call* de *strike* superior *at-the-money* ou *out-the-money*, gerando um crédito suficiente para pagar a *call* comprada.

A *long call backspread ratio* é a soma de uma trava de alta em *calls* com uma quantidade de *call* vendida a descoberto. O lucro do *trader* virá da alta da ação até o *strike* da *call* superior vendida. É uma aposta direcional na alta da cotação da ação-objeto somente até um determinado patamar, o *strike* da *call* vendida.

O risco da estratégia está na quantidade de *call* de *strike* superior vendida a descoberto. Caso a cotação da ação suba muito forte, a posição vendida na *call* de *strike* superior valerá mais, se comparada à posição comprada em *call* de *strike* inferior e o *trader* terá prejuízo ao encerrar a operação.

Para uma boa compreensão, vejamos este exemplo retirado do pregão da B3:

> *O investidor acredita em uma alta nas ações **Petrobras PN** **(Petr 4)** no próximo mês, mas não deseja comprar a ação. No mercado, a ação **Petr 4** está custando **R$ 17,60**. No intuito de aproveitar a alta na cotação pretende montar uma **long call backspread ratio**. Compra 1.000 call **Petr C 77**, cujo strlke é **R$ 17,00**, por **R$ 1,40** e vende 2.000 call **Petr C 18**, cujo strike é **R$ 18,00**, por **R$ 0,70**. Nesta data, faltam 28 dias úteis para o encerramento da série de opções.*

Esta é uma estratégia montada com uma *call in-the-money* comprada e uma *call out-the-money* vendida, na proporção 1 para 2, ou seja, 1 *call* comprada para cada 2 vendidas. A *call* vendida, por estar fora do dinheiro, possui apenas valor extrínseco (R$ 0,70) e é este valor que o *trader* espera embolsar em sua totalidade até a data do exercício. Para tanto, será necessário a *call* vendida virar pó e o preço da ação atingir, no máximo, o *strike* onde foi feita a venda.

No exemplo acima, a *long call backspread ratio* terá lucro máximo se a ação, até o vencimento, custar R$ 18,00.

Acima de R$ 18,00, a *call* vendida se valorizará e o lucro do *trader* na desmontagem diminuirá até virar prejuízo, conforme a cotação for subindo. Neste caso, acima de R$ 19,00, a operação entrará em sua zona de prejuízo, a qual, em tese, pode ser infinita.

Portanto, não se recomenda montar uma *long call backspread ratio* quando se espera uma alta muito forte da ação.

Aumentar o *spread* entre a *call* comprada e a vendida fará a operação resistir melhor à alta na cotação da ação. No entanto, quanto mais alto for o *strike* da *call out-the-money*, maior será a quantidade vendida necessária para cobrir os custos de aquisição da *call in-the-money*, aumentando os riscos do *trader* caso o preço de mercado da ação dispare rapidamente.

Resumo da estratégia, sem considerar custos de corretagem e emolumentos:

	Preço (R$)
A – Compra de 1.000 Petr C 77	- 1.400,00
B – Venda de 2.000 Petr C 18	+ 1.400,00
C – Total recebido na montagem (A+B)	0,00
Lucro máximo da estratégia	+ 1.000,00

	(*strike* da C 18 – *Strike* da C 77) x número de *calls* C 77 compradas + o total recebido na montagem.
Prejuízo máximo em caso de alta forte	- (Preço de mercado da ação – *strike* da C 18) x número de *calls* vendidas + (Preço de mercado da ação – *strike* da C 77) x número de *calls* compradas + total recebido na montagem.

Nesta estratégia há necessidade de depósito prévio de margens de garantia relativo à parcela de *call* vendida a descoberto (1.000 Petr C 18).

A análise da relação risco-retorno de uma *long call backspread ratio* envolve também a volatilidade histórica da ação-objeto e o prazo até o vencimento das opções, calculando-se as probabilidades da cotação da ação chegar até o *strike* da *call* vendida. Como uma parte da operação é venda a descoberto de *call*, o controle de risco deve ser primordial, evitando entrar a operação na região de prejuízos.

Portanto, se as expectativas iniciais do *trader* não se realizarem e a ação começar a subir muito, recomenda-se encerrar a operação antes de atingir o patamar de prejuízos (no exemplo acima, a partir de R$ 19,00, ou seja, uma alta de

7,95 % no preço de mercado da ação). Desta forma, o uso de uma ferramenta chamada *stop loss* pode ser muito útil no controle do risco da estratégia.

Contudo, esta estratégia *long call backspread ratio* pode ser bem aproveitada pelo investidor com a ação-objeto na carteira. Desta forma, estará montando uma trava de alta somada a uma *venda coberta de call*, em posição muito mais confortável, se comparado ao *trader* parcialmente descoberto do exemplo acima.

Em caso de alta forte, com exercício da *call out-the-money* vendida, os riscos estarão sob controle. O investidor não precisará se preocupar, pois já tem a ação na carteira e ainda verá seu lucro total ser alavancado pelo lucro máximo da trava de alta, a qual também é parte da estratégia.

Nas tabelas abaixo temos um breve resumo dos pontos fortes e fracos da *long call backspread ratio*:

Pontos fortes:

Possibilidade de obter lucro com a alta moderada na cotação da ação.

Na maioria das vezes não há custo de montagem.

Recomendada ao investidor que já detém a ação na carteira e gostaria de aumentar os lucros em um futuro exercício.

Pontos fracos:

Risco máximo indefinido na montagem da operação. Em tese, se a cotação da ação subir demais e o *trader* estiver vendido a descoberto, o prejuízo pode ser ilimitado.

Há necessidade de depósito prévio de margens de garantia.

4.24 Short Call Backspread ratio

A estratégia *Short Call Backspread ratio* envolve a venda de uma *call* de *strike* inferior, normalmente *in-the-money* e a compra de uma quantidade maior de *call* de *strike* superior *at-the-money* ou *out-the-money*. O montante financeiro gerado pela venda da *call* de *strike* inferior irá pagar a compra de uma quantidade maior de *call* de *strike* superior.

A *short call backspread ratio* é a soma de uma trava de baixa em *calls* com uma quantidade de *call* comprada a seco. O lucro do *trader* virá da alta forte da ação acima do *break-even* da operação, o qual encontra-se acima do *strike* da *call* superior comprada. É uma aposta direcional na alta forte da cotação da ação-objeto.

O risco da estratégia está apenas na trava de baixa, ou seja, o prejuízo será máximo se, na data do encerramento da série de opções, o preço de mercado da ação-objeto estiver exatamente no *strike* da *call* superior comprada, a qual virará pó.

Caso a cotação da ação suba muito forte, além do *break-even* da operação, a posição comprada na *call* de *strike* superior valerá mais, se comparada à posição vendida em *call* de *strike* inferior e o *trader* terá lucro ao encerrá-la.

No exemplo abaixo, temos uma estratégia *short call backspread ratio* retirada do pregão da B3:

> *O investidor acredita em uma alta forte nas ações **Petrobras PN (Petr 4)** no próximo mês, mas não deseja comprar a ação. No mercado, a ação **Petr 4** está custando **R$ 17,60**. No intuito de aproveitar a alta na cotação, pretende montar uma **short call backspread ratio**. Vende 1.000 call **Petr C 77**, cujo strike é **R$ 17,00**, por **R$ 1,40** e compra 2.000 call **Petr C 18**, cujo strike é **R$ 18,00**, por **R$ 0,70**. Nesta data, faltam 28 dias úteis para o encerramento da série de opções.*

Esta estratégia foi montada vendendo-se uma *call in-the-money* e comprando-se o dobro em uma *call out-the-money*, na proporção 2 para 1, ou seja, 2 *calls* compradas para cada 1 vendida. A *call* comprada, por estar fora do dinheiro, possui apenas valor extrínseco (R$ 0,70).

Portanto, para lucrar, o *trader* espera uma alta forte no preço de mercado da ação-objeto, de modo a tornar a *call* comprada em dobro, também *in-the-money*, o mais rápido possível. Para tanto, a alta deverá levar a cotação da ação a ultrapassar o *break-even* da operação, o qual no exemplo acima é R$ 19,00.

Neste exemplo, a *short call backspread ratio* entrará na região de lucro se a ação, até o vencimento, estiver acima de R$ 19,00. Neste caso, a quantidade em dobro de *call* comprada se valorizará mais e o lucro do *trader* na desmontagem aumentará, conforme a cotação for subindo.

Desta forma, não se recomenda montar uma estratégia *short call backspread ratio* quando não se espera uma alta muito forte da ação, até o encerramento da série de opções.

Também não se recomenda esta estratégia para ações pouco voláteis, cuja probabilidade de altas ou quedas fortes em curtos períodos é pequena.

Aumentar o *spread* entre a *call* vendida e a comprada fará aumentar o risco de prejuízos e deixar os lucros ainda mais distantes. No entanto, quanto mais alto for o *strike* da *call out-the-money*, maior será a quantidade comprada, o que, em tese, poderia dar mais lucro ao *trader*, em caso de uma alta muito forte. Contudo, como os prazos das opções são exíguos, a probabilidade de acontecer pode ser muito remota.

Resumo da estratégia, sem considerar custos de corretagem e emolumentos:

	Preço (R$)
A – Venda de 1.000 Petr C 77	+ 1.400,00

B – Compra de 2.000 Petr C 18	-1.400,00
C – Total recebido na montagem (A+B)	0,00
Lucro máximo da estratégia	(Preço de mercado da ação – *strike* da C 18) x número de *calls* C 18 compradas – (preço de mercado da ação – *strike* da C 77) x número de calls C 77 vendidas + o total recebido na montagem.
Prejuízo máximo em caso de alta	-1.000,00 – (*strike* da C 18 – *strike* da C 77) x número de *calls* C 77 vendidas + total recebido na montagem.

Nesta estratégia há necessidade de depósito prévio de margens de garantia relativo apenas à trava de baixa. Como o risco máximo já é previsto, as margens serão limitadas ao *spread* da trava, multiplicado pelo número de opções vendidas.

A análise da relação risco-retorno de uma estratégia *short call backspread ratio* envolve conhecer a volatilidade histórica da ação-objeto e o prazo em dias até o vencimento das opções. Desta forma, pode-se calcular a probabilidade da cotação da ação chegar até o *break-even* da operação, além do *strike* da *call* comprada.

Portanto, se as expectativas iniciais do *trader* não se realizarem e a ação cair, não subir ou subir pouco, recomenda-se encerrar a operação antes do vencimento da série de opções.

Nas tabelas abaixo temos um breve resumo dos pontos fortes e fracos da estratégia *short call backspread ratio*:

Pontos fortes:

Risco máximo definido na montagem da operação

Na maioria das vezes não há custo de montagem.

Pontos fracos:

Dependência de uma alta forte para poder lucrar.

Há necessidade de depósito prévio de margens de garantia.

4.25 Long Put Backspread ratio

A *Long Put Backspread ratio* é a operação oposta da *long call backspread ratio* (4.23) e é montada com a compra de uma *put* de *strike* superior, normalmente *in-the-money* e a venda de uma quantidade maior de *put* de *strike* inferior *at-the-money* ou *out-the-money*, gerando um crédito suficiente para pagar a *put* comprada.

A *long put backspread ratio* é a soma de uma trava de baixa em *puts* com uma quantidade de *puts* vendida a descoberto. O lucro do *trader* virá da queda da ação até o *strike* da *put* inferior vendida. É uma aposta direcional na queda moderada da cotação da ação-objeto.

O risco da estratégia está na quantidade de *put* de *strike* inferior vendida a descoberto. Caso a cotação da ação caia muito forte, a posição vendida na *put* de *strike* inferior valerá mais, se comparada à posição comprada em *put* de *strike* superior e o *trader* terá prejuízo ao encerrar a operação, antes do exercício.

Para uma boa compreensão, vejamos este exemplo retirado do pregão da B3:

> *O investidor acredita em uma queda nas ações* **Petrobras PN (Petr 4)** *no próximo mês. No mercado, a ação* **Petr 4** *está custando* **R$ 17,60**. *No intuito de aproveitar a queda na cotação pretende montar uma* **long put backspread ratio**. *Compra 1.000 put* **Petr N 18**, *cujo strike é* **R$ 18,00**, *por* **R$ 1,00** *e vende 2.000 put* **Petr N 77**, *cujo strike é* **R$ 17,00**, *por*

> **R$ 0,50**. Faltam 28 dias úteis para o encerramento da série de opções.

Esta estratégia foi montada com uma *put in-the-money* comprada e uma *put out-the-money* vendida, na proporção 1 para 2, ou seja, 1 *put* comprada para cada 2 vendidas. A *put* vendida, por estar fora do dinheiro, possui apenas valor extrínseco (R$ 0,50) e é este valor a ser consumido com o passar do tempo até o exercício (*time decay*), o qual o *trader* espera embolsar em sua totalidade. Para se atingir o lucro máximo, será necessário a *put* vendida "virar pó" e o preço da ação cair no máximo até o *strike* onde foi feita a venda.

No exemplo acima, a *long put backspread ratio* terá lucro máximo se a ação, até o vencimento, custar R$ 17,00. Abaixo de R$ 17,00, a posição vendida em *put* de *strike* inferior se valorizará e o lucro do *trader* na desmontagem diminuirá até virar prejuízo, conforme a cotação for caindo. Neste caso, abaixo de R$ 16,00, a operação entrará em sua região de prejuízo.

Desta forma, não se recomenda montar uma *long put backspread ratio* quando se espera uma queda muito forte da ação.

Aumentar o *spread* entre a *put* comprada e a vendida fará a operação resistir melhor à queda na cotação da ação. Todavia, quanto mais baixo for o *strike* da *put out-the-money*, maior será a quantidade vendida necessária para cobrir os custos de aquisição da *put in-the-money*, aumentando os riscos do operador caso o preço de mercado da ação caia rapidamente, além do *break-even* da operação.

Resumo da estratégia, sem considerar custos de corretagem e emolumentos:

	Preço (R$)
A – Compra de 1.000 Petr N 18	- 1.000,00
B – Venda de 2.000 Petr N 77	+ 1.000,00
C – Total recebido na montagem (A+B)	0,00
Lucro máximo da estratégia	+ 1.000,00 (*strike* da N 18 – *strike* da N 77) x número de *puts* N 18 compradas + o total recebido na montagem.
Prejuízo máximo em caso de queda forte	- (*strike* da N 77 - preço de mercado da ação) x número de *puts* vendidas + (*strike* da N 18 – preço de mercado da ação) x número de *puts* compradas + total recebido na montagem.

Nesta estratégia há necessidade de depósito prévio de margens de garantia relativo à parcela de *put* vendida a descoberto (1.000 Petr N 77).

A análise da relação risco-retorno de uma *long put backspread ratio* obriga o *trader* a conhecer a volatilidade histórica da ação-objeto e estar atento ao prazo até o vencimento das opções, para calcular a probabilidade da cotação da ação chegar até o *strike* da *put* vendida. Como uma parte da operação é venda a descoberto de *put*, o controle de risco deve ser primordial, evitando a entrada da operação na região de prejuízos.

Assim, se as expectativas iniciais do *trader* não se realizarem e a ação começar a cair muito forte, recomenda-se encerrar a operação antes que entre na região de prejuízos (no exemplo, abaixo de R$ 16,00, ou seja, uma queda de 9,10 % no preço de mercado da ação). Desta forma, o uso da ferramenta *stop loss* será útil no controle do risco da estratégia.

Contudo, esta estratégia *long put backspread ratio* pode ser bem aproveitada pelo investidor com dinheiro em caixa para adquirir a ação-objeto, em caso de queda forte, em uma estratégia parecida com a venda de *put* coberta (ver n. 4.4). Desta forma, montando uma trava de baixa somada a uma venda coberta de *put*, estará em posição muito mais confortável, se comparado ao *trader* parcialmente descoberto do exemplo acima.

Em caso de queda forte, com exercício da *put out-the-money* vendida, os riscos estarão sob controle. O investidor não precisará se preocupar, pois pretende adquirir a ação-objeto a preços melhores, se comparados à data de montagem da operação e ainda obterá um lucro extra alavancado pela trava de baixa, a qual também é parte da estratégia.

Nas tabelas abaixo temos um breve resumo dos pontos fortes e fracos da *long put backspread ratio*:

Pontos fortes:

Possibilidade de obter lucro com a queda moderada na cotação da ação.

Na maioria das vezes não há custo de montagem.

Recomendada ao investidor que detém recursos financeiros e pretende comprar a ação a preços mais vantajosos no futuro.

Pontos fracos:

Risco máximo indefinido na montagem da operação. Em tese, se a cotação da ação cair demais e o *trader* estiver vendido a descoberto, o prejuízo pode ser ilimitado.

Há necessidade de depósito prévio de margens de garantia.

4.26 Short Put Backspread ratio

A estratégia *Short Put Backspread ratio* envolve a venda de uma *put* de *strike* superior, normalmente *in-the-money* e a compra de uma quantidade maior de *put* de *strike* inferior *at-the-money* ou *out-the-money*. O montante financeiro gerado pela venda da *put* de *strike* superior irá pagar a compra de uma quantidade maior de put de *strike* inferior.

A *short put backspread ratio* é a soma de uma trava de alta em *puts* com uma quantidade de *put* comprada a seco. O lucro do *trader* virá da queda forte da ação abaixo do *break-even* da operação, o qual encontra-se abaixo do *strike* da *put* inferior comprada. É uma aposta direcional na queda forte da cotação da ação-objeto.

O risco da estratégia está apenas na parte correspondente à trava, ou seja, o prejuízo será máximo se, na data do encerramento da série de opções, o preço de mercado da ação-objeto estiver exatamente no *strike* da *put* inferior comprada, a qual virará pó.

Caso a cotação da ação caia muito forte, além do *break-even* da operação, a posição comprada na *put* de *strike* inferior valerá mais, se comparada à posição vendida em *put* de *strike* superior e a estratégia caminhará para um resultado positivo.

No exemplo a seguir, temos uma operação *short put backspread ratio*:

> O investidor acredita em uma queda forte nas ações **Petrobras PN (Petr 4)** no próximo mês. No mercado, a ação **Petr 4** está custando **R$ 17,60**. No intuito de aproveitar a queda na cotação pretende montar uma estratégia **short put backspread ratio**. Vende 1.000 call **Petr N 18**, cujo strike é **R$ 18,00**, por **R$ 1,00** e compra 2.000 call **Petr N 77**, cujo strike é **R$ 17,00**, por **R$ 0,50**. Nesta data, faltam 28 dias úteis para o encerramento da série de opções.

Esta estratégia foi montada vendendo-se uma *put in-the-money* e comprando-se o dobro em uma *put out-the-money*, na proporção 2 para 1, ou seja, 2 *puts* compradas para cada 1 vendida. A *put* comprada, por estar fora do dinheiro, possui apenas valor extrínseco (R$ 0,50).

Portanto, para lucrar, o *trader* espera uma queda forte no preço-de-mercado, a ponto de tornar-se esta *put* também *in-the-money*, o mais rápido possível. Para tanto, a queda deverá ultrapassar o *break-even* da operação, o qual no exemplo acima é R$ 16,00.

Neste exemplo, a *short put backspread ratio* terá lucro se a ação, até o vencimento, estiver abaixo de R$ 16,00. Neste caso, a quantidade em dobro de *put* comprada se valorizará mais e o lucro do *trader* na desmontagem aumentará, conforme a cotação do ativo for caindo.

Desta forma, não se recomenda montar a *short put backspread ratio* quando não se espera uma queda muito forte da ação, até o encerramento da série de opções. Tampouco é recomendada para ações pouco voláteis, cuja probabilidade de quedas ou altas fortes em curtos períodos é pequena.

Aumentar o *spread* entre a *put* vendida e a comprada fará aumentar o risco de prejuízos e deixar os lucros ainda mais distantes. No entanto, quanto mais baixo for o *strike* da *put out-the-money*, maior será a quantidade comprada, o que, em tese, poderia favorecer lucros maiores ao *trader*, em caso de uma queda muito forte. Contudo, como os prazos das opções são exíguos, a probabilidade de acontecer tal fato pode ser muito remota.

Resumo da estratégia, sem considerar custos de corretagem e emolumentos:

	Preço (R$)
A – Venda de 1.000 Petr N 18	+ 1.000,00
B – Compra de 2.000 Petr N 77	– 1.000,00
C – Total recebido na montagem (A+B)	0,00
Lucro máximo da estratégia	(*strike* da C 77 - preço de mercado da ação) x número de puts N 77 compradas – (*strike* da N 18 – preço de mercado da ação) x número de puts N 18 vendidas + o total recebido na montagem.

| Prejuízo máximo em caso de alta forte | -1.000,00 - (*strike* da n 18 – *strike* da N 77) x número de *puts* vendidas + total recebido na montagem. |

Nesta estratégia há necessidade de depósito prévio de margens de garantia relativo apenas à trava de alta. Como o risco máximo já é previsto, as margens serão limitadas ao *spread* da trava, multiplicado pelo número de opções vendidas.

A análise da relação risco-retorno de uma estratégia *short put backspread ratio* envolve conhecer a volatilidade histórica da ação-objeto e o prazo em dias até o vencimento das opções. Desta forma, pode-se calcular a probabilidade da cotação da ação chegar até o *break-even* da operação, além do *strike* da *put* comprada.

Portanto, se as expectativas iniciais do *trader* não se realizarem e a ação subir, permanecer parada ou cair pouco, recomenda-se encerrar a operação antes do encerramento da série de opções.

Nas tabelas abaixo temos um breve resumo dos pontos fortes e fracos da estratégia *short put backspread ratio*:

Pontos fortes:

Risco máximo definido na montagem da operação
Na maioria das vezes não há custo de montagem.

Pontos fracos:

Dependência de uma queda forte para poder lucrar.
Há necessidade de depósito prévio de margens de garantia.

4.27 Combination

As estratégias conhecidas como *combo* ou combinação (*combination*) buscam reproduzir exatamente as posições dos investidores quando adquirem a ação ou quando a vendem a descoberto. Ao combinarem (daí o nome) na mesma estratégia, uma *call* e uma *put*, irão produzir resultados aproximados às posições *long* e *short* com as próprias ações.

4.27.1 Long Combination

Esta estratégia envolve a compra de uma *call* e a venda de uma *put*, ambas no mesmo strike e com mesmo prazo de expiração. Destinada ao *trader* com expectativas de alta no preço da ação, quando montada com opções *at-the-money*, irá reproduzir com muita semelhança o comportamento da ação no mercado. Desta forma, torna-se uma alternativa à própria compra da ação pelo investidor *bullish*.

Na sequência examinamos um exemplo retirado do pregão da B3:

> *O investidor acredita em uma alta nas ações **Petrobras PN (Petr 4)** no próximo mês. No mercado, a ação **Petr 4** está custando **R$ 18,50**. No intuito de aproveitar a alta na cotação sem comprar a ação, pretende montar uma estratégia **long combination**. Compra 1.000 call **Petr B 48**, cujo strike é **R$ 18,50**, por **R$ 0,65** e vende 1.000 put **Petr N 48**, cujo strike é **R$ 18,50**, por **R$ 0,66**. Faltam 20 dias úteis para o encerramento da série de opções.*

A estratégia, também é conhecida como *synthetic long stock* ou, compra de uma "ação sintética", foi montada com ambas opções *at-the-money*. Sendo assim, irá reproduzir o comportamento de lucros ou perdas de um investidor, o qual decidisse comprar a própria ação.

Caso as expectativas de alta na cotação da ação-objeto se confirmem, a *call* comprada se valorizará e a *put* vendida virará pó. O lucro máximo da estratégia é a alta da ação enquanto durar a vida da opção. O prejuízo ocorrerá, se o preço de mercado da ação cair abaixo do *strike* escolhido.

Resumo da estratégia, sem considerar custos de corretagem e emolumentos:

	Preço (R$)
A – Compra de 1.000 Petr B 48	- 650,00
B – Venda de 1.000 Petr N 48	+ 660,00
C – Total recebido na montagem (A+B)	10,00
Lucro máximo da estratégia	(preço de mercado da ação – strike da B 48) x número de *calls* B 48 compradas + o total recebido na montagem.
Prejuízo máximo da estratégia	- (*strike* da B 48 - preço de mercado da ação) x número de *puts* N 48 vendidas + total recebido na montagem.

Nesta estratégia há necessidade de depósito prévio de margens de garantia, relativo à parcela de *put* vendida (1.000 Petr N 48). Isto representa uma desvantagem em relação à compra da ação. Outra desvantagem é o prazo exíguo de vida das opções. Caso as expectativas iniciais de alta não se realizem e a cotação da ação caia, pode ser difícil ocorrer uma reversão de cenário em curto espaço de tempo.

A vantagem em relação à compra direta da ação está em usufruir os benefícios da alta esperada, sem investir capital na aquisição do ativo.

A análise da relação risco-retorno de uma *long combination* é muito similar aos riscos da compra da própria ação. Assim, se as expectativas iniciais do *trader* não se realizarem e a ação começar a cair, valorizando a *put* e desvalorizando a *call*, recomenda-se encerrar a operação antes de prejuízos maiores (no exemplo, abaixo de R$ 18,50). Desta forma, o uso da ferramenta *stop loss* será útil no controle do risco da estratégia.

Nas tabelas abaixo temos um breve resumo dos pontos fortes e fracos da *long combination*:

Pontos fortes:

Possibilidade de obter lucro com a alta na cotação da ação, com pouco ou nenhum capital investido.

Funciona como alternativa à compra da ação-objeto.

Na maioria das vezes não há custo de montagem.

Pontos fracos:

Risco semelhante ao da compra de uma ação.

> Caso as expectativas iniciais de alta não se confirmem, uma reversão de tendência torna-se improvável, devido ao prazo de vida útil das opções

Há necessidade de depósito prévio de margens de garantia.

4.27.2 Short Combination

Esta estratégia envolve a venda de uma *call* e a compra de uma *put*, ambas no mesmo strike e com mesmo prazo de vencimento. É uma estratégia direcionada ao *trader* com expectativas de queda no preço da ação (*bearish*). Quando montada com opções *at-the-money*, irá reproduzir, com muita semelhança, o comportamento da ação vendida a descoberto no mercado (*short sale*). Desta forma, torna-se uma alternativa à própria venda a descoberto, sem a necessidade do aluguel prévio da ação-objeto.

Na sequência, examinamos um exemplo retirado do pregão da B3:

> *O investidor acredita em uma queda nas ações **Petrobras PN (Petr 4)** no próximo mês. No mercado, a ação **Petr 4** está custando **R$ 18,50**. No intuito de aproveitar uma possível queda na cotação sem vender a ação a descoberto, pretende montar uma estratégia **short combination**. Vende 1.000 call **Petr B 48**, cujo strike é **R$ 18,50**, por **R$ 0,65** e compra 1.000*

put Petr N 48, cujo strike é R$ 18,50, por R$ 0,66. Faltam 20 dias úteis para o encerramento da série de opções.

A estratégia, também é conhecida como *synthetic short stock* ou, venda de uma "ação sintética", e foi montada com ambas opções *at-the-money*. Portanto, irá reproduzir o comportamento de lucros ou perdas de um investidor, o qual decidisse vender a própria ação a descoberto.

Caso as expectativas iniciais de queda na cotação da ação-objeto se confirmem, a *put* comprada se valorizará e a *call* vendida virará pó. O lucro máximo da estratégia é a amplitude da queda da ação enquanto durar a vida das opções. O prejuízo ocorrerá, se o preço de mercado da ação subir e ultrapassar o *strike* escolhido.

Resumo da estratégia, sem considerar custos de corretagem e emolumentos:

	Preço (R$)
A – Venda de 1.000 Petr B 48	+ 650,00
B – Compra de 1.000 Petr N 48	- 660,00
C – Total recebido na montagem (A+B)	-10,00
Lucro máximo da estratégia	(strike da N 48 – preço de mercado da ação) x número de *puts* N 48 compradas

Prejuízo máximo da estratégia	+ total recebido na montagem. - (preço da ação no mercado - *strike* da B 48) x número de calls B 48 vendidas + total recebido na montagem.

Nesta estratégia há necessidade de depósito prévio de margens de garantia, relativo à parcela de *call* vendida (1.000 Petr B 48). Contudo, se decidisse pela venda a descoberto da própria ação, o investidor também deveria depositar margens de garantia.

A desvantagem é o prazo curto de vida das opções. Caso as expectativas iniciais de queda não se realizem e a cotação da ação suba além do *strike*, pode ser difícil ocorrer uma reversão de cenário em curto espaço de tempo.

A vantagem em relação à venda a descoberto está em usufruir os benefícios da queda esperada, sem incidir nos custos de aluguel prévio do ativo.

A análise da relação risco-retorno de uma estratégia *short combination* é muito similar aos riscos da venda a descoberto da ação. Assim, se as expectativas iniciais do *trader* não se realizarem e a ação começar a subir, valorizando a *call* e desvalorizando a *put*, recomenda-se encerrar a operação antes de prejuízos maiores (no exemplo, acima de R$ 18,50). Como na operação anterior, o uso da ferramenta *stop loss* será útil no controle do risco da estratégia.

Nas tabelas abaixo temos um breve resumo dos pontos fortes e fracos da estratégia *short combination*:

Pontos fortes:

Possibilidade de obter lucro com a queda na cotação da ação, com pouco ou nenhum capital investido.

Funciona como alternativa à venda a descoberto da ação-objeto.

Na maioria das vezes não há custo de montagem.

Pontos fracos:

Risco semelhante ao da venda a descoberto de uma ação.

Caso as expectativas iniciais de queda não se confirmem, uma reversão de tendência torna-se improvável, devido ao prazo curto de vida útil das opções

Há necessidade de depósito prévio de margens de garantia.

4.28 Trava-calendário

As chamadas trava-calendário envolvem a compra e venda de opções com exercícios diferentes. O investidor ou *trader* utiliza os diferentes prêmios decorrentes de períodos de exercícios diversos para lucrar com o efeito do tempo.

As travas-calendário são muito utilizadas entre os operadores de opções, pois *calls* e *puts* com mais tempo de vida até o exercício terão prêmios de maior valor. O tempo corrói o valor extrínseco de ambas. Na data de exercício somente opções com valor intrínseco serão exercidas (*in-the-money*).

Imaginem duas *calls* de uma mesma ação, uma com vencimento em janeiro (*call A*) e a outra com vencimento em fevereiro (*call B*). Ambas têm o mesmo *strike*. Como a *call A* tem um prazo menor até sua data de exercício, seu prêmio de mercado será menor se comparado à sua "irmã maior", a *call B*.

Na data de exercício da *call A* (terceira segunda-feira de janeiro), esta não terá mais valor extrínseco, ele já foi totalmente corroído com o passar do tempo. A *call A* terá somente valor intrínseco (preço de mercado – *strike* da *call*) se for uma *call in-the-money* no dia de exercício, caso contrário estará "virará pó".

Enquanto completa-se o ciclo de vida da *call A*, a *call B* ainda terá, no mínimo, quatro semanas de duração. Para as opções, quatro semanas é considerado um "prazo longo". Portanto, enquanto a *call A* deixa de existir, a *call B* ainda estará cheia de vida, com valor extrínseco e plenamente negociada no mercado.

Os operadores aproveitam esta diferença de valores entre opções com diversos vencimentos mensais para montar suas estratégias. Duas versões da trava-calendário se destacam, ambas com *calls*:

4.28.1 Venda de *call* curta e compra de *call* longa.

O operador desta estratégia pretende embolsar o valor extrínseco da *call* mais curta, enquanto mantém a mais longa comprada em carteira com fins de *hedge*, caso as cotações da ação-objeto subam forte.

Apesar de teoricamente, o *trader* estar vendido a descoberto na *call* mais curta, ele não estará desprotegido contra as altas na cotação da ação-objeto, visto que a *call* mais longa comprada sempre será superior em valor de mercado. Para fins de controle de riscos, o *strike* de ambas deve ser o mesmo ou muito próximo.

O exemplo abaixo, retrata uma trava-calendário típica:

> *O investidor monitora a volatilidade para as ações* **Vale ON** *(Vale 3), e observa muito valor extrínseco em algumas opções da série atual. No mercado a ação* **Vale 3** *está custando* **R$ 43,00**. *Pretende montar então uma trava-*

> *calendário e embolsar o valor extrínseco alto presente na série mais curta, comprando também a série mais longa. Vende 1.000 call **Vale B 436**, cujo strike é de **R$ 43,62**, por **R$ 1,10** e compra 1.000 call **Vale C 436**, cujo strike é **R$ 43,63**, por **R$ 1,50**. O objetivo será se apropriar de todo o valor extrínseco da call mais curta até o seu encerramento, e conservar a call mais longa em carteira para futura venda ou exercício. Faltam 20 dias úteis para o encerramento da série B e 42 dias úteis para o encerramento da série C.*

Esta é uma estratégia montada vendendo-se uma *call out-the-money* com encerramento mais próximo e comprando uma *call out-the-money*, com vencimento mais distante.

Portanto, o *trader* espera uma estabilidade no preço-de-mercado da ação, mantendo-se próximo do *strike* da *call* vendida para, na data de encerramento, todo o valor extrínseco já estar consumido pelo tempo. Isto posto, com a *call* comprada na carteira pretende vendê-la e receber por ela um valor superior ao total das diferenças dos prêmios, desembolsada na ocasião da montagem.

Neste exemplo, a trava-calendário já poderá ser desmontada com lucro se, na data de exercício da *call Vale B 436*, independentemente de estar *in-the-money* ou *out-the-money*, a diferença de prêmio entre ambas for maior que os R$ 0,40 pago na data da montagem.

Caso a *call Vale B 436* vire pó, o investidor ou *trader* terá a *call Vale C 436* livre em sua carteira, tendo pago por ela R$ 0,40. Poderá conservá-la na carteira por mais algumas semanas, em busca de valorização, montar uma *trava de alta* vendendo uma outra *call* na mesma série e de *strike* superior, de forma a reduzir seu custo de aquisição ou ainda, vender o dobro, transformando sua posição comprada em *Vale C 436* em posição vendida e comprando a mesma quantidade da *call Vale D 439* (*strike* em R$ 43,56) e repetindo a operação para o próximo mês.

Toda a sequência implica em vender a anterior (*call* de vencimento mais curto) e comprar a posterior (*call* de vencimento mais longo). O eficiente controle do risco é obtido com a compra da posterior.

Resumo da estratégia, sem considerar custos de corretagem e emolumentos:

	Preço (R$)
A – Venda de 1.000 Vale B 436	+ 1.100,00
B – Compra de 1.000 Vale C 436	- 1.500,00
C – Total gasto na montagem (A+B)	-400,00
Lucro máximo da estratégia em caso de exercício da B 436	(Preço de mercado de C 436 – preço de mercado de B 436) x número de *calls* – total gasto na montagem

Lucro máximo da estratégia caso a B 436 vire pó	(Preço de mercado de C 436 x número de *calls*) – total gasto na montagem
Prejuízo máximo	-400,00 (total gasto na montagem)

Esta operação requer o depósito inicial de margens de garantia, pois há uma venda a descoberto de *call*, embora os riscos de tal situação estejam bem controlados pela posição comprada da *call* de vencimento posterior.

Nesta estratégia, o prejuízo teórico máximo, representado pelo total gasto na montagem, pode ser evitado. Caso a cotação da ação-objeto caia forte durante o primeiro mês da operação e a *call* anterior vendida vire pó, sempre haverá valor extrínseco na *call* posterior comprada, a qual ainda terá mais um mês de vida. Bastará ao *trader* vendê-la no mercado e diminuir seu prejuízo.

Portanto, nesta situação, o prejuízo máximo só será alcançado se o operador, por descuido, deixar de vender, por qualquer preço, a *call* posterior, mantida comprada em carteira, durante o segundo mês da operação.

A análise da relação risco-retorno desta trava-calendário envolve conhecer a volatilidade histórica da ação-objeto e os diferentes prazos em dias úteis até o vencimento da *call* vendida e da *call* comprada. Os *strikes* das *calls* devem, na medida do possível, serem iguais ou muito próximos.

Desta forma, pode-se calcular através do delta da *call* vendida, a probabilidade de exercício. Quanto mais *in-the-money* estiverem as *calls* vendida e comprada, maior será o delta de ambas e maior a probabilidade de exercício da primeira, dado o prazo mais curto.

Caso o exercício da *call* vendida se confirme, recomenda-se ao *trader* encerrar a operação até o último dia útil antes do dia de exercício, de modo a recomprar a *call* anterior, já com valor extrínseco próximo a zero, e vender a posterior, ainda com um bom valor extrínseco devido ao prazo mais longo até o vencimento. Desta forma, recuperará o total gasto na montagem da operação e, muito provavelmente, obterá lucro.

Por outro lado, se a *call* vendida virar pó, o *trader* ainda terá um tempo para decidir se deseja ou não vender a *call* comprada mantida em sua carteira, cujo preço de aquisição foi o total gasto por ocasião da montagem.

Nas tabelas abaixo temos um breve resumo dos pontos fortes e fracos desta trava-calendário.

Pontos fortes:

Risco máximo definido na montagem da operação.

Possibilidade de lucrar com a alta ou queda na cotação da ação-objeto.

Pontos fracos:

Há necessidade de depósito prévio de margens de garantia.

4.28.2 Compra de *call* curta e venda de *call* longa.

O operador desta estratégia pretende embolsar a diferença do valor dos prêmios, maior na *call* longa vendida e, após o encerramento da série de opções mais curta, deverá comprar a ação-objeto ou encerrar a operação, recomprando a *call* posterior vendida. Só não poderá deixá-la vendida a descoberto durante o próximo mês pois, desta forma, seu prejuízo poderá ser teoricamente infinito.

Portanto, esta é uma estratégia recomendada apenas para o investidor com o intuito de comprar a ação-objeto em um prazo de até um mês e, ato contínuo, com a ação na carteira, deseja realizar uma venda coberta com *call*, no mês subsequente.

Portanto, a escolha dos *strikes* da *call* curta comprada e da *call* longa vendida pode ser diferente. Se a diferença entre os *strikes* for pequena, mesmo com o *strike* mais alto da *call* longa vendida, a estratégia gerará um crédito inicial.

Vamos a um exemplo retirado do pregão da B3:

> O investidor monitora a volatilidade para as ações **Vale ON (Vale 3)**, e deseja comprar a ação para vendê-la no próximo mês com lucro. No mercado a ação **Vale 3** está custando R$ 43,00. Pretende montar então uma trava-calendário em busca de oportunidades melhores de compra e de futura venda no ativo. Desta forma, compra 1.000 call **Vale B 424**, cujo strike é de **R$ 42,49**, por **R$ 1,50** e vende 1.000 call **Vale C 428**, cujo strike é **R$ 42,88**, por **R$ 1,80**. O objetivo será exercer a opção comprada e ser exercido na opção vendida no mês seguinte. Faltam 20 dias úteis para o encerramento da série B e 42 dias úteis para o encerramento da série C.

Observando o preço de mercado da ação, o investidor compra uma *call* curta *in-the-money*. Como pretende exercê-la e permanecer com a ação na carteira apenas um mês, vende na sequência uma *call* longa *at-the-money*.

A idéia inicial é exercer a *call* curta comprada para adquirir a ação a R$ 42,49. Caso o preço de mercado da ação caia abaixo deste patamar antes do exercício, pode ser interessante ao investidor comprar a ação e encerrar a posição comprada na *call* curta, vendendo-a a preços correntes. Desta forma o preço de aquisição da ação mostra-se mais vantajoso, se comparado ao *strike* da *call* comprada.

Feito isso, a venda coberta com *call* para o próximo mês já estará pronta e o investidor irá aguardar o desenrolar dos fatos no mercado, com o principal fator de risco da estratégia já contornado.

Resumo da estratégia, sem considerar custos de corretagem e emolumentos:

	Preço (R$)
A – Compra de 1.000 Vale B 424	– 1.500,00
B – Venda de 1.000 Vale C 428	+ 1.800,00
C – Total recebido na montagem (A+B)	+ 300,00
Lucro máximo da estratégia em caso de exercício de ambas opções	+ 690,00 (*strike* da C 428 – *strike* da B 424) x número de ações compradas + total recebido na montagem
Lucro máximo como percentual do capital investido (compra da ação Vale 3 no exercício da B 424)	1,623 % para 22 dias úteis
Lucro máximo da estratégia caso a B 424 vire pó e a C 428 seja exercida	(*strike* da C 428 – preço de aquisição da ação) x número de ações compradas + total recebido na montagem
Prejuízo máximo	Pode haver prejuízo ilimitado se o operador não cobrir a *call* vendida a partir do segundo mês da operação.

Esta operação requer o depósito inicial de margens de garantia, pois há uma venda a descoberto de *call*, embora os riscos de tal situação estejam bem controlados somente até o fim do primeiro mês. O investidor deve estar atento ao risco e comprar a ação ou encerrar a operação antes do início do segundo mês.

A análise da relação risco-retorno desta trava-calendário envolve conhecer a volatilidade histórica da ação-objeto e os diferentes prazos em dias úteis até o vencimento da *call* comprada e da *call* vendida.

Os *strikes* das *calls* podem ser diferentes, sendo preferível que o *strike* da *call* longa vendida seja mais alto se comparado ao *strike* da *call* curta comprada. Contudo, para haver crédito inicial na montagem da estratégia, ambos não devem estar muito distantes.

Pode-se calcular também com o delta da *call* curta vendida, a probabilidade de exercício. Quanto mais *in-the-money* estiverem as *calls* comprada e vendida, maior será o delta de ambas e maior a probabilidade de exercício da *call* comprada e, no mês seguinte, da *call* vendida.

Como acima mencionado, se a *call* comprada virar pó, o investidor comprará as ações em um preço mais baixo. Desta forma, seu lucro na venda coberta para o segundo mês, se exercido na *call* longa vendida, será maior.

Outro fator de risco para o investidor é a queda forte na cotação da ação, a partir do início do segundo mês, com a *call* longa vendida virando pó. São os mesmos riscos de uma venda coberta com *call*. Conhecendo o *break-even* da compra da ação (no exemplo, R$ 42,19 se exercida a *call B 424*), poderá acionar seu *stop-loss* para evitar quedas mais fortes abaixo deste patamar.

Nas tabelas abaixo temos um breve resumo dos pontos fortes e fracos desta trava-calendário.

Pontos fortes:

Risco máximo definido na montagem da operação. Contudo, o investidor deve comprar a ação ou encerrar a operação findo o primeiro mês.

Possibilidade de lucrar com uma pequena alta na cotação da ação-objeto.

Pontos fracos:

Há necessidade de depósito prévio de margens de garantia.

5 Erros comuns a serem evitados pelo operador de opções de ações.

Opções sobre ações são excelentes instrumentos para controle de risco e para gerar uma renda suplementar à uma carteira de ações. No entanto, devem ser usadas com **_disciplina_** e obedecendo rígidas regras, para não se transformarem em perdas para o investidor.

Como vimos, não há uma estratégia melhor que a outra. Todas, sem exceção, têm seus pontos fortes e fracos e devem ser empregadas em momentos distintos, de acordo com as expectativas de mercado do investidor ou *trader*.

O risco está sempre presente quando se operam opções e, caso o investidor ou *trader* não o conheça ou ignore-o, poderá incidir em graves prejuízos para sua carteira de investimentos.

Grandes prejuízos no mercado de opções decorrem especialmente de falhas de cálculo do operador, quanto aos riscos assumidos. Montar posições muito alavancadas, ter confiança excessiva em sua aposta direcional de alta ou baixa ou ainda, ganância em excesso, são os principais erros cometidos por investidores iniciantes no mercado de opções.

Calls e Puts são instrumentos financeiros fascinantes, os quais podem proporcionar retornos percentuais muito superiores às ações, com menor capital investido, porém com muito mais risco envolvido.

A seguir apresentamos alguns erros comuns a serem sempre evitados pelos investidores diligentes, de modo a não transformar uma operação potencialmente benéfica para sua carteira de ações, em uma fonte de grandes prejuízos.

5.1 Venda a descoberto de *calls* e *puts*.

Este é o erro primário mais comum entre os iniciantes em operações com derivativos de ações. A venda a descoberto de *calls* ocorre quando o especulador vende uma determinada quantidade da opção, *sem deter o ativo-objeto em sua carteira*. O potencial de prejuízos é infinito, pois, teoricamente, não há limites para uma alta. Em caso de exercício, o *trader* deverá comprar a ação pelo preço de mercado ou recomprar sua posição na *call*, com um prejuízo certo.

Muitos iniciantes gostam de vender a descoberto pela facilidade em se produzir um "crédito" em dinheiro em sua conta-corrente. Todavia, nada pode ser mais ilusório ao operador iniciante do que este crédito inicial da venda a descoberto de uma *call*.

Em caso de alta forte no ativo, o *trader* iniciante e provavelmente despreparado será obrigado a reforçar suas margens de garantia perante a corretora ou recomprar sua posição, pagando mais caro pela *call* vendida. O crédito inicial "ilusório" transforma-se rapidamente em *prejuízo real e concreto*.

Para desestimular tais operações, muitas corretoras cobram margens altas de seus clientes em casos de venda a descoberto de *calls*. Outras nem permitem aos investidores assumirem posições assim, dados os riscos envolvidos.

A venda a descoberto de uma *put* é um erro é tão fatal quanto o anterior. Estar a descoberto em *puts* significa não ter disponível o capital suficiente para comprar as ações, em caso de exercício (vide 4.4, venda coberta de *put*).

O potencial de prejuízos é grande, pois quedas fortes nas cotações são muito comuns. Quando ocorrem, transformam uma simples posição vendida a descoberto em *put out-the-money* em uma perda considerável para o especulador iniciante, levando-o a recomprar as opções por preços muito superiores aos inicialmente obtidos.

Uma das principais causas apontadas pelos especialistas para a maior queda percentual da história da Bolsa de Valores de Nova York, ocorrida em 19 de outubro de 1.987, em um episódio conhecido como "*Segunda-feira Negra*", foi a excessiva venda a descoberto de *puts out-the-money*, uma estratégia muito em voga entre os gestores de carteira, naquela época, os quais acreditavam na baixíssima probabilidade da bolsa cair tanto em um curto período de tempo, o que de fato ocorreu e levou muitos operadores ao prejuízo.

Os iniciantes gostam de vender *puts* a descoberto pela mesma facilidade em se produzir um "crédito" em dinheiro em sua conta-corrente. Todavia, como no caso das *calls*, tal "crédito" pode ser apenas **ilusório**. Em caso de queda forte no ativo, o *trader* iniciante será obrigado a recomprar sua posição, pagando mais caro pela opção e incorrendo em prejuízos.

5.2 Compra a seco de uma posição grande em opções.

Motivados pela intensa volatilidade das opções, alguns *traders* iniciantes acreditam poder multiplicar seu capital em um curto período, especulando com grandes posições compradas em *calls* ou *puts*.

Começam com pequenas posições compradas e, após resultados iniciais animadores, produto, na grande maioria das vezes, de sorte e não de estratégia pensada, vão aumentando suas compras em *calls* ou *puts*, a ponto de colocar uma parte substancial do seu capital disponível, na falsa esperança de poder criar fortuna rapidamente.

Conforme os ganhos iniciais aumentam, a autoconfiança do operador iniciante também cresce, a ponto de arriscar mais capital em apostas especulativas cada vez maiores

Não controlar o tamanho de sua posição comprada também é um grave erro a ser evitado. A especulação com a compra de opções, sem a intenção de adquirir ou proteger a ação até a data do exercício, conhecida como *"compra a seco"*, deve ser feita em pequenas posições e apenas quando as condições de mercado favorecerem a direção escolhida de alta ou de queda.

Recomenda-se para as *calls* ou *puts* compradas a seco um grande prazo até o vencimento, preferencialmente faltando mais de um mês até o exercício e o uso da ferramenta *stop-loss,* o qual poderá controlar o risco de maneira eficiente, evitando maiores prejuízos e até a perda total do capital envolvido.

5.3 Não usar *stop-loss*

O *stop-loss*, ou interrupção das perdas, é uma ferramenta essencial no monitoramento dos riscos envolvidos em um investimento em renda variável.

Operar uma carteira de ações ou opções sem utilizá-lo é como dirigir um automóvel à noite com os faróis desligados em uma estrada sem iluminação. O motorista, ao enfrentar essa situação perigosa, pode até chegar ao seu destino ileso, porém seus riscos aumentam substancialmente.

O *stop-loss* é uma ferramenta simples e oferecida por todas as corretoras adeptas do sistema de *home broker*. O investidor estabelece qual é a perda máxima suportável em cada ação ou opção de sua carteira, programa sua ordem de *stop* e a envia para sua corretora. Caso o preço da ação ou opção caia e atinja o valor pré-determinado, o *stop-loss* é automaticamente acionado e as ações ou opções são vendidas em pregão, interrompendo os prejuízos. Investidores e especuladores conscientes tem no uso do *stop-loss* um hábito imutável.

O *stop-loss* pode ser considerado o *plano B* do investidor ou *trader* em relação a determinada ação ou opção, pois somente será utilizado se o *plano A*, no caso, as expectativas iniciais de alta ou baixa, não se concretizarem. Operadores prudentes tem sempre o seu *plano A*, mas também dedicam especial atenção ao *plano B*, ou seja, aquele a ser usado apenas se a estratégia inicial fracassar.

O uso disciplinado do *stop-loss* é primordial ao controle dos riscos. Em renda variável, o primeiro prejuízo é sempre o menor. Caso o investidor despreze o uso do *stop-loss*, poderá assistir inerte às quedas fortes nas cotações dos seus papéis, vendo seus investimentos perderem valor, enquanto as cotações se aprofundam na queda. Equivale a não abandonar um navio afundando, na esperança da água sair e o barco voltar a flutuar.

Antes de comprar a ação ou a opção "a seco", o investidor deve já ter em mente qual será a perda máxima tolerável, em caso de quedas nas cotações, ou seja, qual o nível de preços adequado à ordem de venda para a interrupção de prejuízos.

Este patamar de preços onde deve ser colocada a ordem de *stop-loss* é subjetivo, pois alguns investidores têm maior tolerância às quedas de preço e, consequentemente, aos riscos e às perdas. Contudo, enfatiza-se sua utilização a partir do início de qualquer operação, a qual envolva qualquer ativo ou derivativo de renda variável.

Para a determinação do ponto onde colocar o *stop-loss*, recomenda-se a análise minuciosa dos pontos fracos de cada operação, ou seja, onde se esconde o risco, esse elemento presente em todas operações de renda variável e nem sempre facilmente perceptível pelos iniciantes e mesmo pelos operadores mais veteranos.

Como vimos as opções podem ser excelentes instrumentos de proteção para uma carteira de ações. Ao operar opções como estratégia de *hedge* de carteira, o investidor já estará utilizando o *strike* da *put* como um *stop-loss* natural. Desta forma, seus riscos estão mitigados e seu investimento no ativo está protegido contra qualquer queda forte no preço de mercado da ação-objeto abaixo do *strike* da *put*. A compra de uma *put at-the-money* para proteger a ação é a única estratégia que dispensa o uso regular do *stop-loss*. Em todas as demais, sempre haverá um ponto apropriado para colocá-lo, eliminando o ponto fraco da operação e evitando, desta forma, prejuízos maiores ao investidor.

6 Conclusões e agradecimentos

Neste livro foram explicadas algumas estratégias mais utilizadas para se operar opções de ações, como forma de proteção de carteira de ações ou para alavancar os lucros em apostas especulativas direcionais.

O mercado de opções é fascinante, mas muitos operadores iniciantes insistem em começar sem o mínimo conhecimento das forramentas e estratégias disponíveis. Ignoram o risco e experimentam grandes prejuízos, os quais poderiam ter sido evitados.

Gosto de enfatizar nos cursos onde ministro as disciplinas correlatas de mercados financeiros, gestão de riscos e derivativos, que *não há uma fórmula mágica e imbatível* para se triunfar no mercado de ações ou de opções. Desta forma, a melhor arma do investidor ou *trader* é o conhecimento, obtido com estudo constante, o qual, aliado a um bom controle dos riscos envolvidos e disciplina nas operações, são as melhores ferramentas a um iniciante ou veterano, para operar com renda variável.

Agradeço a você que baixou este *e-book* ou adquiriu a cópia física. Foi feito com muito carinho na intenção de transmitir um pouco de conhecimento acerca deste incrível e dinâmico mercado de opções de ações.

Peço que antes de sair, deixe sua opinião e seu *feedback* sobre o conteúdo. Sua opinião é muito importante para que eu possa aprimorar as próximas versões desta obra.

Muito obrigado!

7 Referências Bibliográficas

ASSAF NETO, Alexandre. MERCADO FINANCEIRO, 12ª edição; São Paulo, Ed. Atlas, 2014.

BLACK, Fischer; SCHOLES, Myron. THE PRICING OF OPTIONS AND CORPORATE LIABILITIES, Journal of Political Economics, vol. 81, n. 3. mai-jun 1973, pp. 637-654.

BODIE, Zvi; KANE, Alex; MARCUS, Alan J. INVESTIMENTOS, 8ª ed. Porto Alegre, AMGH Editora, 2010.

BUSSAB, Wilton de O; MORETIN, Pedro A. ESTATÍSTICA BÁSICA, 5ª ed. São Paulo, Ed. Saraiva, 2007.

COHEN, Guy. OPTIONS MADE EASY, third edition, United States, Pearson Education, 2014.

_____ THE BIBLE OF OPTIONS STRATEGIES, United States, Pearson Education, 2005.

DAMODARAN, Aswath. FINANÇAS CORPORATIVAS – TEORIA E PRÁTICA. 2ª ed. Porto Alegre, Ed. Bookman, 2004.

ELDER, Alexander. APRENDA A OPERAR NO MERCADO DE AÇÕES, 4ª ed; Rio de Janeiro, Ed. Campus-Elsevier, 2006.

_____ COMO SE TRANSFORMAR EM UM OPERADOR E INVESTIDOR DE SUCESSO, 10ª ed; Rio de Janeiro, Ed. Campus-Elsevier, 2004.

ELTON, Edwin J; GRUBER, Martin J; BROWN, Stephen J; GOETZMANN, William N. MODERNA TEORIA DE CARTEIRAS E ANÁLISE DE INVESTIMENTOS. São Paulo, Ed. Atlas, 2004.

FERREIRA, Luiz Francisco Rogê. MERCADO DE OPÇÕES: A ESTRATÉGIA VENCEDORA; São Paulo, Ed. Saraiva, 2009.

FORTUNA, Eduardo. MERCADO FINANCEIRO, Produtos e Serviços, 19ª edição; Rio de Janeiro, Ed. Qualitymark, 2013.

GRAHAM, Benjamin. O INVESTIDOR INTELIGENTE, 4ª edição; Rio de Janeiro, Ed. Nova Fronteira, 2015.

HARMON, Greg. TRADING OPTIONS, United States, John Wiley and Sons, 2014.

HULL, John C. FUNDAMENTOS DOS MERCADOS FUTUROS E DE OPÇÕES, 4ª edição; São Paulo, Bolsa de Mercadorias e Futuros, 2005.

_____ OPTIONS, FUTURES E OTHER DERIVATIVES, 4ª edition; NJ, Prentice-Hall, 2000.

MARTINS, André. MERCADOS DERIVATIVOS E ANÁLISE DE RISCO, vols. 1 e 2; 2ª edição; Rio de Janeiro, AMS Editora, 2009.

MAUAD, Rogério Paulucci. INVISTA EM AÇÕES CONTROLANDO SEUS RISCOS. São Paulo, Editora Biblioteca 24 Horas, 2015.

McMILLAN, Lawrence G. OPTIONS AS A STRATEGIC INVESTMENT, Fifth edition; USA, Prentice-Hall, 2012.

OVERBY, Brian. THE OPTIONS PLAYBOOK, 2nd edition, Tradeking, 2009.

PAULUS, John Allen. A LÓGICA DO MERCADO DE AÇÕES: UMA ANÁLISE PRÁTICA DO FUNCIONAMENTO DAS BOLSAS DE VALORES, 7ª edição; Rio de Janeiro, Ed. Campus-Elsevier, 2004.

ROSS, Stephen A; WESTERFIELD, Randolph W; JAFFE, Jeffrey F. ADMINISTRAÇÃO FINANCEIRA, Corporate Finance, 2a edição; São Paulo, Ed. Atlas, 2010.

SIEGEL. Jeremy J. INVESTINDO EM AÇÕES NO LONGO PRAZO, 5ª edição; Porto Alegre, Ed. Bookman, 2015.

SILVA, Luiz Mauricio da. MERCADO DE OPÇÕES, Conceitos e Estratégias; 3ª edição; Rio de Janeiro, Halip, 2008.

SILVA NETO, Lauro de Araújo. OPÇÕES DO TRADICIONAL AO EXÓTICO, 2ª edição; São Paulo, Editora Atlas, 2008.

Sites úteis:

ANBIMA – Associação Brasileira das Entidades dos Mercados Financeiros e de Capitais: www.portal.anbima.com.br

APIMEC – Associação dos Analistas e profissionais de Investimento do Mercado de Capitais: www.apimec.com.br

Banco Central do Brasil: www.bcb.gov.br

B3, antiga BM&FBovespa: www.bmfbovespa.com.br

Sistema de Bibliotecas da Fundação Getúlio Vargas - FGV: www.sistema.bibliotecas.fgv.br

Sociedade Brasileira de Finanças: www.sbfin.org.br

The New York Stock Exchange: www.nyse.com/index

www.ingramcontent.com/pod-product-compliance
Lightning Source LLC
Chambersburg PA
CBHW050210230526
45470CB00001B/320